essentials

Essentials liefern aktuelles Wissen in konzentrierter Form. Die Essenz dessen, worauf es als „State-of-the-Art" in der gegenwärtigen Fachdiskussion oder in der Praxis ankommt. *Essentials* informieren schnell, unkompliziert und verständlich

- als Einführung in ein aktuelles Thema aus Ihrem Fachgebiet
- als Einstieg in ein für Sie noch unbekanntes Themenfeld
- als Einblick, um zum Thema mitreden zu können

Die Bücher in elektronischer und gedruckter Form bringen das Fachwissen von Springerautor*innen kompakt zur Darstellung. Sie sind besonders für die Nutzung als eBook auf Tablet-PCs, eBook-Readern und Smartphones geeignet. *Essentials* sind Wissensbausteine aus den Wirtschafts-, Sozial- und Geisteswissenschaften, aus Technik und Naturwissenschaften sowie aus Medizin, Psychologie und Gesundheitsberufen. Von renommierten Autor*innen aller Springer-Verlagsmarken.

Patrik Götz • Reimer Stobbe

Governance der Kommunikationssteuerung durch Semantic Models

Mit integrierter Steuerungsarchitektur Daten strategisch nutzbar machen

Springer Gabler

Patrik Götz
Freihung, Deutschland

Reimer Stobbe
Mühldorf a. Inn, Deutschland

ISSN 2197-6708 ISSN 2197-6716 (electronic)
essentials
ISBN 978-3-658-52589-7 ISBN 978-3-658-52590-3 (eBook)
https://doi.org/10.1007/978-3-658-52590-3

Die Deutsche Nationalbibliothek verzeichnet diese Publikation in der Deutschen Nationalbibliografie; detaillierte bibliografische Daten sind im Internet über https://portal.dnb.de abrufbar.

Springer Gabler ist ein Imprint der eingetragenen Gesellschaft Springer Fachmedien Wiesbaden GmbH und ist ein Teil von Springer Nature.
Die Anschrift der Gesellschaft ist: Abraham-Lincoln-Str. 46, 65189 Wiesbaden, Germany

Was Sie in diesem *essential* finden können

- Die Elemente einer zentralen Steuerungssystematik im Kommunikations-Controlling und die Identifikation der Lücke zwischen Steuerung und Daten
- Eine Einführung in den Semantic Layer als verbindende Bedeutungsschicht zwischen Daten und strategischer Steuerung
- Das Konzept einer semantischen Steuerungsarchitektur mit klar definierten Domänen (Strategie, Zielgruppen, Themen etc.)
- Die Integration des DPRG/ICV-Wirkungsstufenmodells in eine moderne, datengetriebene Architektur
- Eine technologische Umsetzungsperspektive mit Knowledge Graphs und KI-Integration (Graph Grounding)

Vorwort

Die Messung und Steuerung von Kommunikationserfolgen ist kein neues Thema, doch ihre praktische Umsetzung gleicht in vielen Organisationen noch immer einer Sisyphusarbeit. Dieses Buch ist das Ergebnis einer jahrelangen, engen Zusammenarbeit der beiden Autoren und eines kontinuierlichen fachlichen Austauschs, der seinen Ursprung in der gemeinsamen Arbeit an der Wirkungsmessung in einem komplexen Konzernumfeld fand.

Die ganzheitliche Steuerung der Kommunikation von Organisationen mit ihren Stakeholdern sowie der Kommunikationsabteilung selbst ist durch die Entwicklung des Kommunikations-Controllings in den letzten 25 Jahren methodisch gut beschrieben. International abgestimmt ist im deutschsprachigen Raum das DPRG/ICV-Wirkungsstufenmodell maßgeblich. Es bietet den theoretischen Bauplan, um Kommunikation von der Ressourcenallokation bis hin zum betriebswirtschaftlichen Wertbeitrag steuerbar zu machen. Doch in der operativen Anwendung stießen wir immer wieder auf denselben fundamentalen Schmerzpunkt: Die methodischen Möglichkeiten des Modells scheitern in der Realität oft an der technischen Fragmentierung der Datenlandschaft.

Wir haben beobachtet, wie Organisationen zwar über mehr Daten denn je verfügen, aber gleichzeitig das Vertrauen in diese Zahlen erodiert. Wir haben zahllose Stunden in Steuerungsrunden verbracht, in denen nicht über strategische Konsequenzen diskutiert wurde, sondern über die Definition und Herkunft einzelner Kennzahlen. Diese „Kontexterosion" führt fast zwangsläufig dazu, dass Fachabteilungen eigene, inoffizielle Reporting-Strukturen aufbauen, was die strategische Steuerungsfähigkeit eines Unternehmens massiv untergräbt. Nur mit einem starken organisatorischen Mandat und enger Abstimmung zwischen Konzept, Planung und IT ließ sich eine einheitliche Steuerung durchsetzen. Dieses Vorgehen widerspricht heute aber dem Ziel, Datenkompetenz breit auszubauen und lässt sich in Zeiten von KI und „Self-Service BI" kaum noch durchhalten.

Die Problemstellung war somit klar umrissen: Wie lässt sich die fachliche Logik der Wirkungsmessung so fest in der Datenarchitektur verankern, dass sie indiskutabel und maschinenlesbar wird?

Die Suche nach einer Lösung führte weg von rein organisatorischen Richtlinien hin zu einem strukturellen Eingriff in die Datenarchitektur. Der entscheidende Durchbruch war die Erkenntnis, dass zwischen der physischen Speicherung von Daten und ihrer Interpretation eine verbindliche Bedeutungsschicht eingezogen werden muss: der Semantic Layer. Durch die Kombination dieses Ansatzes mit der Technologie von Knowledge Graphs lassen sich die dynamischen Beziehungsnetzwerke der Kommunikation erstmals systemseitig abbilden.

Mit dem in diesem Buch vorgestellten Konzept der semantischen Steuerungsarchitektur wird eine Antwort beschrieben, die die historische Lücke zwischen IT-Infrastruktur und kommunikativer Fachlichkeit schließt. Es ist ein befreiendes Gefühl, nach Jahren der Beobachtung von KPI-Drifts und inkonsistenten Dashboards nun eine Lösung in den Händen zu halten, die methodische Stabilität und technologische Innovation vereint.

Dieses Modell wartet nun darauf, in der Breite operationalisiert zu werden. Wir laden Sie ein, diesen Weg mit uns zu gehen und die Kommunikation von der rein defensiven Rechtfertigung hin zu einem proaktiven, datengestützten Navigationssystem der Unternehmensführung zu entwickeln.

Im ersten Kapitel verortet Reimer Stobbe die Notwendigkeit der Lösung im Kommunikations-Controlling. In den weiteren Kapiteln wird von Patrik Götz die Lösung methodisch und praktisch ausgeführt.

Patrik Götz
Reimer Stobbe

Interessenskonflikt Die Autor*innen haben keine relevanten Interessenskonflikte im Zusammenhang mit dieser Publikation.

Inhaltsverzeichnis

Über die Autoren

Patrik Götz ist Senior Consultant für Digital Analytics & BI bei der Digitalagentur netzeffekt in München. Er verfügt über langjährige Erfahrung in der Konzeption und Implementierung von Datenprodukten. Seine Arbeitsschwerpunkte liegen in der methodischen Wirkungsmessung, dem Aufbau skalierbarer Dashboard-Architekturen sowie der Schnittstellenfunktion zwischen Marketing, Management und Informationstechnik. Als Referent in der CommTech Academy der AG CommTech leitet er Fachseminare zur datengetriebenen Steuerung und tritt regelmäßig als Sprecher auf Fachkongressen auf.

Dr. Reimer Stobbe arbeitete von 1999 bis November 2024 in der Unternehmenskommunikation von Munich Re und war seit 2004 u. a. für Wirkungsmessung und Analytics zuständig. Der promovierte Historiker hat als langjähriger Leiter des Fachkreises Kommunikations-Controlling im Internationalen Controller Verein an der Entwicklung der Standardmethoden des Faches in Deutschland maßgeblich mitgewirkt. Heute leitet er den DPRG AG CommTech Arbeitskreis Kommunikationssteuerung. Er ist als Berater, Dozent und Autor freiberuflich tätig. Außerdem ist er Co-Leiter des Clusters Strategie & Wirkungsmessung in der AG CommTech.

Semantic Models als Meilenstein für Kommunikations-Controlling in Zeiten von Daten und KI

1

1.1 Notwendigkeit von zentraler Steuerung und Governance der Kommunikation

In der aktuellen Entwicklung organisationaler Kommunikation wird zunehmend deutlich, dass Kommunikation nicht mehr als operative Unterstützungsfunktion verstanden werden kann, sondern als integraler Bestandteil der strategischen Unternehmensführung. Sie beeinflusst unmittelbar die Wahrnehmung der Organisation, strukturiert Erwartungen, vermittelt Orientierung und bildet die Grundlage für Vertrauen. Damit steht sie in direkter Beziehung zur Kooperationsbereitschaft zentraler Stakeholder – und diese Kooperationsbereitschaft ist wiederum Voraussetzung für das Erreichen sämtlicher Unternehmensziele (Freeman, 1984; Gälweiler, 2005).

Vor diesem Hintergrund entsteht die Notwendigkeit einer umfassenden Governance der Kommunikation, die weit über die klassische Steuerung einzelner Kommunikationsdisziplinen hinausgeht. Kommunikation muss in ihrer Gesamtheit auf die Organisation bezogen und integriert geführt werden. Diese Integration ist erforderlich, weil kommunikative Wirkungen nicht isoliert entstehen, sondern aus einem komplexen Zusammenspiel von Themen, Kanälen, organisationalem Verhalten und externen Kontexten hervorgehen.

P. Götz, R. Stobbe, *Governance der Kommunikationssteuerung durch Semantic Models*, essentials, https://doi.org/10.1007/978-3-658-52590-3_1

Eine funktionierende Kommunikations-Governance zeichnet sich daher durch mehrere zentrale Eigenschaften aus:

- **Ganzheitlichkeit:** Alle Kommunikationsaktivitäten müssen auf gemeinsame strategische Ziele ausgerichtet sein.
- **Vernetzung:** Kommunikationsverantwortliche über die gesamte Organisation hinweg müssen eingebunden werden.
- **Zielorientierung:** Eine klare Zielkaskade verbindet strategische Zielsetzungen mit operativer Umsetzung.
- **Standardisierung:** KPIs, Prozesse und Methoden werden vereinheitlicht, um Vergleichbarkeit und Steuerbarkeit zu ermöglichen.
- **Datenbasierung:** Entscheidungen beruhen auf systematisch erhobenen und interpretierten Daten.

Kommunikations-Controlling übernimmt in diesem Kontext die Rolle einer verbindenden Instanz, die diese Elemente integriert und als Querschnittsfunktion die Steuerung der Kommunikation über Organisationsgrenzen hinweg ermöglicht (Stobbe, 2026).

1.2 Die kybernetische Lücke im Kommunikationsmanagement

Die zentrale Herausforderung der Kommunikationssteuerung lässt sich auch als kybernetische Lücke beschreiben. Der Begriff stammt aus der Kybernetik, der Wissenschaft von Steuerung, Kommunikation und Rückkopplung in Systemen (Wiener, 1948; Beer, 1984). Eine kybernetische Lücke entsteht dann, wenn innerhalb eines Systems die Verbindung zwischen Information, Entscheidung, Handlung und Feedback unvollständig oder gestört ist.

Für Organisationen bedeutet dies: Sie verlieren ihre Fähigkeit zur Selbstregulation. Steuerung wird ineffektiv, weil Rückmeldungen über die eigene Wirkung fehlen oder nicht ausreichend in Entscheidungen integriert werden.

Übertragen auf Kommunikationsmanagement zeigt sich diese Lücke in typischen Mustern:

- Kommunikationskanäle agieren als isolierte Einheiten („Inseln").
- Steuerung erfolgt über einfache Output-Kennzahlen (z. B. Reichweite, Klickzahlen).
- Der Zusammenhang zwischen Maßnahmen und strategischen Zielen bleibt unklar.

Die Ursache liegt in einem strukturellen Missverhältnis zwischen Realität und Steuerung: Die Realität ist hochkomplex, während die Steuerung häufig unterkomplex organisiert ist. Dieses Problem wird durch Ashbys Gesetz der erforderlichen Vielfalt beschrieben: Ein System kann ein anderes nur steuern, wenn seine eigene Komplexität der des Problems entspricht (Ashby, 1991).

Die Konsequenz ist eindeutig:

▶ **Merksatz** Komplexe Kommunikationsrealitäten erfordern ebenso komplexe Steuerungssysteme.

1.3 Steuerung von Reputation in komplexen Wirkungs- und Datenzusammenhängen

Reputation ist die zentrale strategische Zielgröße der Kommunikation. Sie entsteht jedoch nicht als objektive Eigenschaft eines Unternehmens, sondern als sozial konstruiertes Phänomen, das sich aus den Wahrnehmungen unterschiedlicher Stakeholder zusammensetzt (Fombrun et al., 2015).

Diese Wahrnehmungen sind durch mehrere Charakteristika geprägt:

- Sie sind multikausal (verschiedene Einflussfaktoren wirken gleichzeitig).
- Sie sind kontextabhängig (je nach Stakeholdergruppe unterschiedlich).
- Sie sind interpretativ (nicht direkt messbar, sondern konstruiert).

Reputation entsteht somit aus einem komplexen Netzwerk von Signalen: Medienberichte, persönliche Erfahrungen, soziale Interaktionen und organisationale Handlungen wirken zusammen und werden unterschiedlich verarbeitet.

Um Reputation steuerbar zu machen, ist daher eine strukturierte Modellierung dieser Komplexität erforderlich. Dies geschieht beispielsweise über Reputationsdimensionen (z. B. Innovation, Governance, Leadership), die wiederum in spezifische Attribute untergliedert sind. Auf dieser Basis können:

- Einflussgrößen identifiziert,
- Wirkungszusammenhänge modelliert,
- und Prioritäten für Maßnahmen abgeleitet werden.

Moderne Analyseverfahren wie Faktorenanalysen oder Strukturgleichungsmodelle ermöglichen es, diese Zusammenhänge empirisch zu überprüfen und in entscheidungsrelevante Steuerungsgrößen zu überführen (Fombrun et al., 2015).

Damit wird Reputation nicht vereinfacht, sondern komplexitätsgerecht operationalisiert.

1.4 Die Lücke zwischen Steuerungsmodell und Daten als Risiko

In der Verbindung zu den Daten und bei der Realisierung eines „Single Source of Truth(SSOT)"- Ansatzes offenbart sich eine weitere strukturelle Lücke: die Diskrepanz zwischen Steuerungsmodell und Daten.

Diese Lücke entsteht, weil die konzeptionelle Ebene der Kommunikation – also Ziele, Themen, Wirkungslogiken – häufig nicht systematisch in den Datenraum übersetzt wird. Während strategische Logiken in Präsentationen, Dokumenten oder implizitem Expertenwissen existieren, werden Daten technisch isoliert gespeichert und verarbeitet.

Es fehlt somit eine durchgehende Verbindung zwischen Bedeutung und Daten.

Die daraus resultierenden **Risiken** sind erheblich:

- **Interpretationsabhängigkeit:** Daten müssen manuell gedeutet werden.
- **Inkonsistenz:** Unterschiedliche Akteure gelangen zu unterschiedlichen Ergebnissen.
- **Nicht-Skalierbarkeit:** Wissen bleibt an Einzelpersonen gebunden.
- **KI-Risiken:** Automatisierte Systeme operieren ohne semantische Grundlage.

Gerade im Kontext zunehmender Automatisierung wird diese Lücke kritisch. Ohne klar definierte Bedeutungszusammenhänge können KI-basierte Analysen zu verzerrten oder widersprüchlichen Ergebnissen führen und damit direkt reputationsrelevante Fehlentscheidungen verursachen.

Die Lücke zwischen Steuerungsmodell und Daten ist somit nicht nur ein analytisches Problem, sondern ein zentrales Governance-Risiko.

1.5 Semantic Models als Lösungsansatz

Semantic Models bieten eine Lösung für diese strukturelle Entkopplung, indem sie eine verbindende semantische Ebene zwischen Strategie und Daten schaffen.

Sie funktionieren als eigenständiger Bedeutungslayer, der:

- Begriffe, Themen und Stakeholder formal definiert,
- Beziehungen zwischen diesen Elementen modelliert,
- und Wirkungszusammenhänge technisch abbildet.

Der Mehrwert dieser Modelle liegt in mehreren Punkten:

- Automatische Kontextualisierung von Daten
- Standardisierung der Interpretation
- Skalierbarkeit von Wissen und Analyse
- Robustheit gegenüber KI-Anwendungen

Semantic Models tragen damit entscheidend zur Governance der Kommunikation bei, indem sie sicherstellen, dass Daten nicht isoliert, sondern im Kontext ihrer strategischen Bedeutung interpretierbar und nutzbar sind. Aus Sicht des Kommunikations-Controllings ist diese Lösung ein Meilenstein, der diese Managementdisziplin erst bereit macht für die immer schnellere Entwicklung des Datenmanagements und der KI.

1.6 Das Wirkungsstufenmodell als Managementmodell

Das DPRG/ICV-Wirkungsstufenmodell bildet die methodische Grundlage der Kommunikationssteuerung (Stobbe et al., 2010).

Seine zentrale Funktion besteht darin, Kommunikation als strukturierte Wirkungskette zu begreifen, die sich über mehrere Stufen erstreckt:

- **Input:** Ressourcen und Investitionen
- **Output:** Kommunikationsleistungen und Reichweite
- **Outcome:** Wirkung auf Wahrnehmung, Wissen, Einstellungen und Verhalten
- **Outflow:** Beitrag zum Unternehmenserfolg

Diese Stufen sind kausal miteinander verknüpft und ermöglichen eine nachvollziehbare Darstellung des Erfolgs der Kommunikation.

Entscheidend ist dabei die Integration in den **Managementkreislauf.** Das Modell wird nicht nur zur Messung, sondern zur Steuerung genutzt:

- In der Planung erfolgt eine **Top-down-Ableitung** von Zielen zu Maßnahmen.
- In der Umsetzung werden diese Maßnahmen konsequent entlang der Wirkungslogik ausgestaltet.
- In der Kontrolle erfolgt eine **Bottom-up-Messung** entlang derselben Stufen.

Dadurch entsteht ein geschlossener Steuerungskreislauf, der Planung, Umsetzung und Feedback verbindet.

Die besondere Stärke des Modells liegt darin, dass es

- die Kausalität zwischen Maßnahmen und Wirkung sichtbar macht,
- die Verkürzung auf Output-Kennzahlen vermeidet und
- den Beitrag der Kommunikation zum Unternehmenserfolg systematisch nachweisbar macht.

Damit bildet das Wirkungsstufenmodell den methodischen Kern eines funktionsfähigen Kommunikations-Controllings.

Fazit

Die Steuerung moderner Kommunikation ist untrennbar mit der Fähigkeit verbunden, Komplexität zu beherrschen. Kommunikation bewegt sich in einem hochdynamischen Umfeld aus Stakeholdern, Themen und Daten, das sich einfachen linearen Steuerungslogiken entzieht.

Die zentrale Herausforderung besteht darin, die dabei entstehenden kybernetischen Lücken zu schließen: sowohl die Lücke zwischen operativer Kommunikation und strategischer Zielerreichung als auch die Lücke zwischen konzeptioneller Bedeutung und technischer Datenverarbeitung.

Das Wirkungsstufenmodell liefert hierfür die notwendige methodische Struktur, indem es Kommunikationsprozesse in eine konsistente Wirkungslogik überführt und in den Managementkreislauf integriert. Semantic Models ergänzen diese Logik auf technischer Ebene, indem sie die Verbindung zwischen Bedeutung und Daten herstellen und damit die Grundlage für Skalierbarkeit, Konsistenz und KI-basierte Steuerung schaffen.

Erst im Zusammenspiel dieser Elemente entsteht ein Steuerungssystem, das hinreichend komplex ist, um die Realität der Kommunikation abzubilden und gleichzeitig handhabbar bleibt. Kommunikation wird damit zu dem, was sie im Kern ist: ein strategisches Führungsinstrument, dessen Wirkung nicht nur beobachtet, sondern systematisch gestaltet und gesteuert werden kann.

Literatur

Ashby, W. R. (1991). Requisite variety and its implications for the control of complex systems.

Beer, S. (1984). The viable system model: Its provenance, development, methodology and pathology.

Fombrun, C., Ponzi, L., & Newburry, W. (2015). Reputation Measurement Framework.

Freeman, R. E. (1984). *Stakeholder Management: A Strategic Approach.*

Gälweiler, A. (2005). *Strategische Unternehmensführung.*

Stobbe, R. (2026). Steuerung und Governance – Kommunikation führbar machen. In Th. Mickeleit & J. Müller (Hrsg.) (2026), *Die neue Rolle der Unternehmenskommunikation in der KI-Disruption.* Demnächst. Springer Gabler.

Stobbe, R., Kurzawa, U., Pollmann, R., & Weigl, St. (2010). Grundmodell Kommunikations-Controlling.

Wiener, N. (1948). Cybernetics: Or control and communication in the animal and the machine.

2 Die Diagnose: „Kontexterosion“

Kommunikations- und Marketingorganisationen stehen heute mehr Kennzahlen zur Verfügung als jemals zuvor. Und selten war die Bedeutung dieser Zahlen so umkämpft. Unternehmen sammeln Daten zentral, etablieren Data Warehouses (DWH) oder Data Lakes und stellen Dashboards in (Near-)Realtime zur Verfügung. Die Datenmengen wachsen kontinuierlich. Auf den ersten Blick scheinen alle infrastrukturellen Voraussetzungen für eine datenbasierte Steuerung der Unternehmenskommunikation erfüllt zu sein.

Gleichzeitig lässt sich in vielen Organisationen ein paradoxes Muster beobachten: Obwohl die technische Verfügbarkeit von Daten stetig zunimmt, drehen sich Entscheidungsrunden im Management zunehmend um die Frage, ob eine präsentierte Kennzahl überhaupt belastbar ist. Diskussionen kreisen nicht um strategische Konsequenzen oder kommunikative Handlungsableitungen, sondern um Definitionen, Berechnungslogiken und Datenherkunft.

In der Praxis äußert sich das dann in Fragen wie: „Auf welchem System basiert diese Auswertung? Warum passt die Zahl nicht zu dem, was wir gestern im Marketing-Update gesehen haben? Welche Definition von ‚Engagement‘ liegt dem hier eigentlich zugrunde?“

Beispiel

In der wöchentlichen Steuerungsrunde präsentiert der Leiter des zentralen Analytics-Teams die Ergebnisse der aktuellen Social-Media-Offensive: „Die Kampagne bleibt hinter den Erwartungen zurück, unser Dashboard weist lediglich eine Engagement Rate von 1,8 % aus.“ Die Kampagnenmanagerin für Social Media runzelt die Stirn und blickt auf die Auswertungen ihrer nativen Platt-

P. Götz, R. Stobbe, *Governance der Kommunikationssteuerung durch Semantic Models*, essentials, https://doi.org/10.1007/978-3-658-52590-3_2

formen: „Das kann nicht stimmen. Die Kampagne läuft hervorragend, das Netzwerk selbst zeigt uns eine Engagement Rate von 5,2 %." Es entsteht Unruhe im Raum. Nach einer hitzigen Diskussion über fehlerhafte Datenexporte und Schnittstellen offenbart sich die wahre Ursache: Um die „Engagement Rate" über verschiedene Netzwerke hinweg vergleichbar zu machen, hatte das Analytics-Team vor Monaten eine streng standardisierte Berechnungslogik implementiert. Nur Likes, Shares und Kommentare fließen in die zentrale Berechnung ein, einfache Bild-Klicks jedoch nicht. Diese wertvolle, vereinheitlichende Definition existierte jedoch ausschließlich in den Köpfen der Metrik-Verantwortlichen, in isolierten Kennzahlen, Steckbriefen und tief verborgen im Code des zentralen Dashboards. Die operativen Datenkonsumenten kannten diese spezifische Filterung nicht. Die unmittelbare Folge: Das Kampagnen-Team misstraut fortan dem zentralen Dashboard, wirft dem System Fehler vor und die Führungskräfte hinterfragen in der nächsten Runde primär die Validität der zentralen KPI, anstatt strategische Ableitungen für die kommende Kampagne zu treffen. ◄

Dieses Phänomen bezeichnen wir als Kontexterosion. Der Begriff beschreibt den schleichenden Verlust von Vertrauen, der einsetzt, wenn Kennzahlen ihren fachlichen Entstehungskontext verlieren. Zahlen existieren in den Systemen zwar technisch korrekt, aber ihre betriebswirtschaftliche und kommunikative Bedeutung ist nicht mehr eindeutig nachvollziehbar. Definitionen sind implizit, Berechnungslogiken variieren je nach Abteilung, Verantwortlichkeiten sind unklar.

In genau diesem Moment kippt der professionelle Diskurs: Statt das Unternehmen strategisch zu steuern, verhandelt die Organisation unablässig ihre eigene Semantik. Die Diagnose lautet daher nicht, dass Organisationen zu wenige Daten hätten. Das Kernproblem ist vielmehr, dass die Bedeutung dieser Daten nicht organisationsweit verbindlich modelliert ist.

2.1 Die Illusion der Verfügbarkeit und das Phänomen „Shadow Analytics"

Vordefinierte, starre Dashboards konnten diese strukturelle Schwäche einer Organisation lange überdecken. Solange Kennzahlen primär passiv konsumiert werden und sich nur wenige Personen mit ihrer Herleitung beschäftigen müssen (da sie vom Dashboard-Entwickler einmalig fest einprogrammiert wurde), bleibt die semantische Unschärfe unsichtbar.

Doch die moderne Datenarchitektur setzt zunehmend auf Self-Service-BI und die individuelle Anwendbarkeit der Analysen. Diese Business-Intelligence-Tools ermöglichen es Nutzern, Daten eigenständig zu analysieren, Berichte zu bauen und

Hypothesen zu testen, ohne für jede Auswertung die BI-Abteilung beauftragen zu müssen. Der offensichtliche Vorteil dieses Ansatzes liegt in der Geschwindigkeit und Autonomie der Nutzer. Der verdeckte Nachteil: Ohne gemeinsame Definitionen und Governance-Strukturen entstehen rasant unterschiedliche Auswertungen derselben Rohdaten.

Wenn Führungskräfte oder Analysten in Meetings Zahlen sehen, deren Berechnungslogik nicht eindeutig dokumentiert und referenzierbar ist, entsteht Unsicherheit. Diese Unsicherheit ist absolut rational: Ohne Klarheit über Definition, Filter, Aggregationslogik und Datenquelle ist eine Zahl schlichtweg nicht überprüfbar. Um in diesem unsicheren Umfeld dennoch handlungsfähig und aussagekräftig zu bleiben, greifen Kommunikations- und Marketingabteilungen zu pragmatischen, aber toxischen Lösungen: Sie erstellen eigene Auswertungen, führen parallele Listen oder etablieren informelle Kontrollmechanismen außerhalb der offiziellen Systeme. Nicht selten werden zentrale KPIs „zur Sicherheit" vor dem Management-Meeting noch einmal manuell in separaten Excel-Tabellen nachgerechnet.

▶ **Definition** Shadow Analytics bezeichnet eine parallele, inoffizielle Reporting-Realität außerhalb der zentralen IT- und BI-Architektur eines Unternehmens. Sie entsteht, wenn Nutzer aufgrund von Misstrauen, unzureichenden Definitionen oder fehlender Flexibilität eigene, ungesicherte Datensilos (meist in Form von lokalen Tabellenkalkulationen) aufbauen, um ihre operative Leistung zu messen und zu steuern.

Auf technologischer Ebene wird die zentrale Dateninfrastruktur durch cloudbasierte Systeme und Data Lakes zwar kontinuierlich ausgebaut. Faktisch steuern die Fachbereiche ihre Budgets und Kampagnen jedoch auf Basis lokaler Berechnungen und individueller Interpretationen. Diese Doppelstruktur ist nicht nur hochgradig ineffizient und fehleranfällig. Sie unterwandert die Kernidee einer gemeinsamen strategischen Steuerungslogik. Wenn drei Versionen derselben Kennzahl im Unternehmen zirkulieren, verlieren Marketing und Kommunikation ihre verlässlichen Referenzpunkte.

2.2 Der schleichende Prozess: KPI-Drift und die Anatomie des Bedeutungsverlusts

Das konkrete Symptom der Kontexterosion manifestiert sich im operativen Alltag durch eine gefährliche Diskrepanz zwischen der benannten Kennzahl und ihrer tatsächlichen Substanz. Diesen Mechanismus, der oftmals unter dem Radar der technischen Überwachungssysteme stattfindet, bezeichnen wir als KPI-Drift.

▶ **Definition** Ein KPI-Drift liegt vor, wenn eine Leistungskennzahl in den Reporting-Systemen und Vorstandspräsentationen ihren identischen Namen beibehält, sich ihre fachliche Definition, ihre Berechnungslogik oder ihre zugrunde liegende Datenbasis über die Zeit jedoch unbemerkt verändert.

Da solche qualitativen Verschiebungen in den seltensten Fällen systematisch versioniert und historisiert werden, entsteht in den Dashboards des Managements der trügerische Eindruck von methodischer Stabilität. Die faktische Bedeutung der Metrik hat sich jedoch bereits drastisch verschoben. Ein direkter Vergleich dieser Leistungskennzahlen über verschiedene Quartale oder Jahre hinweg wird dadurch analytisch wertlos und birgt ein hohes Risiko für strategische Fehlentscheidungen.

Die Ursachen für diesen Drift sind vielfältig und keineswegs auf technisches Versagen beschränkt. Sie lassen sich in vier zentrale Treiber kategorisieren:

Zentrale Treiber des KPI-Drifts in der Kommunikation

- **Externer technologischer Drift:** Social-Media-Plattformen oder Web-Analytics-Anbieter ändern regelmäßig und oft ohne Vorwarnung die Art und Weise, wie sie Metriken berechnen (z. B. veränderte Zählweisen von Video-Views durch Autoplay-Funktionen oder Restriktionen durch neue Datenschutz-Vorgaben). Das Dashboard zeigt dem Management weiterhin die vertraute Metrik „Views" an, die zugrunde liegende Datenerhebung ist jedoch eine völlig andere geworden.
- **Interner methodischer Drift:** Ein neues Teammitglied im Analytics-Team beschließt in bester Absicht, fortan den internen Traffic von Unternehmensstandorten sowie bekannte Bot-Netzwerke aus der Web-Statistik herauszufiltern, um die Daten zu bereinigen. Der Name der KPI „Unique Visitors" bleibt gleich, die Metrik bricht jedoch für das Management scheinbar ohne externe Ursache ein.
- **Algorithmischer Drift:** Das Unternehmen wechselt den Media-Monitoring-Dienstleister. Die historische Datenreihe zur Markenreputation wird im Dashboard nahtlos fortgesetzt, obwohl das neue System Sentiment-Analysen auf Basis eines völlig anderen Machine-Learning-Algorithmus bewertet.
- **Semantischer Drift:** Die Definition einer Metrik weicht schleichend auf, wenn Zielvorgaben auf die komplexe operative Realität treffen. Dieser Effekt tritt insbesondere dann auf, wenn Leistungskennzahlen nicht nur als operative Richtwerte dienen, sondern an die persönliche Zielerreichung von Mitarbeitenden geknüpft sind. Das geschieht in den seltensten Fällen aus bewusster Manipulation. Vielmehr schleichen sich unter dem Druck, Erfolge auszuweisen, oft unbewusst neue Interpretationsspielräume ein.

Besonders der vierte Punkt, der semantische Drift, verdient in der Kommunikationssteuerung besondere Aufmerksamkeit, da er die psychologische Dimension der Kontexterosion offenlegt. Dieser Mechanismus lässt sich in der Wirtschaftswissenschaft mit dem etablierten Goodhart'schen Gesetz (Goodhart's Law) erklären.

Hintergrund: Goodhart's Law
Der britische Ökonom Charles Goodhart formulierte 1975 den Grundsatz, der in der Management-Lehre oft wie folgt zusammengefasst wird: „Sobald eine Kennzahl zu einem persönlichen Ziel wird, hört sie auf, eine gute Kennzahl zu sein." Sobald Menschen an einer bestimmten Metrik gemessen oder für deren Erreichung belohnt werden, entsteht ein immenser Druck, das System zu optimieren.

Egal ob technologischer oder psychologischer Natur: Unter Zeit- und Projektdruck legen operative Teams solche veränderten Definitionen oft nur provisorisch und lokal fest. Aussagen wie „Das ist für unser Team selbsterklärend" oder „Das dokumentieren wir im nächsten Quartal sauber" sind typische Symptome dieser gefährlichen Dynamik. Die Dokumentation erfolgt in der Realität jedoch fast nie. So mutiert eine ehemals transparente, strategische Kennzahl im Laufe von Monaten zu einer Blackbox. Ihr wahrer Inhalt und ihre Berechnungslogik sind nur noch derjenigen Person bekannt, die die zugrunde liegende SQL-Abfrage oder das komplexe Excel-Makro ursprünglich geschrieben hat.

Dieses Phänomen wird als *Key Person Dependency* (Schlüsselpersonenabhängigkeit) bezeichnet und stellt ein massives Risiko für die Corporate Governance dar. Verlässt diese eine Person das Unternehmen, bricht nicht nur das Reporting zusammen, das Unternehmen verliert schlagartig die Fähigkeit, seine eigene historische Leistung methodisch zu entschlüsseln. Die Bedeutung ist unwiederbringlich erodiert.

2.3 Warum das Problem strukturell ist

Die naheliegende Annahme vieler Kommunikationsleiter ist, dass dieses Phänomen auf technologische Defizite zurückzuführen ist und folglich durch den Kauf eines noch neueren, besseren Dashboard-Tools gelöst werden könnte. In der Praxis zeigt sich jedoch ein deutliches Muster: Business-Intelligence-Projekte in der Kommunikation scheitern selten an fehlender Software. Die Ursachen liegen tief verankert in der Organisation, der Governance und der Priorisierung.

Ein erster Faktor ist die Unsichtbarkeit semantischer Arbeit. Die saubere Definition von Kennzahlen, Objekten und ihren Beziehungen untereinander (z. B. welche Maßnahme auf welches Reputationsziel einzahlt) ist pure Infrastrukturarbeit. Ihr Erfolg manifestiert sich nicht sofort in spektakulären, farbenfrohen Visualisierungen, sondern in langfristiger Stabilität und Konsistenz. In projektgetriebenen Kommunikationsabteilungen, in denen kurzfristige Deliverables und Kampagnen-Launches dominieren, nehmen Teams diese Form der Basisarbeit häufig als nachrangig wahr. Der Aufbau einer verbindlichen Bedeutungsebene konkurriert chronisch mit sichtbaren, operativen Initiativen um Ressourcen und Budgets.

Ein zweiter, noch gravierenderer Faktor ist eine strukturelle Verantwortungslücke. In den meisten Unternehmen ist formell klar geregelt, wer die Server betreibt (IT), wer die Daten anliefert (BI/Analytics) und wer die Reports am Monatsende konsumiert (Management). Völlig unklar bleibt jedoch, wer die fachliche Definition einer Kennzahl verantwortet. Fehlt eine explizite Rolle im Unternehmen, die fachliche Definitionen methodisch sauber aufsetzt, versioniert, freigibt und kontinuierlich pflegt, entsteht ein Governance-Vakuum. In dieses Vakuum stoßen unweigerlich die dezentralen Shadow Analytics der dezentralen Fachbereiche vor.

2.4 Zusammenfassung der Diagnose

Die beschriebene Kontexterosion ist kein isoliertes Reporting-Problem, das sich durch Schulungen beheben ließe. Sie ist auch keine Folge mangelnder Datenkompetenz der Mitarbeitenden. Sie ist das logische Resultat einer fehlenden, formalisierten Bedeutungsschicht zwischen den physischen Daten und der menschlichen Entscheidung.

Solange Definitionen implizit in den Köpfen einzelner Mitarbeitenden verbleiben, Verantwortlichkeiten ungeklärt sind und Berechnungslogiken nicht systemisch referenzierbar in die Architektur eingebettet werden, wird jede neue Analyse das Risiko semantischer Fragmentierung weiter erhöhen.

Fazit

Die entscheidende Management-Frage lautet heute nicht mehr, ob ausreichend Daten vorhanden sind. Die Frage lautet, ob die Bedeutung dieser Daten organisationsweit verbindlich modelliert ist. Erst wenn diese semantische Ebene stabilisiert und verlässlich ist, kann die Diskussion in den Vorstands- und Abteilungsrunden von der Validität der Zahlen hin zur eigentlichen strategischen Nutzung der Erkenntnisse übergehen.

Literatur

Goodhart, C. A. E. (1975). Problems of Monetary Management: The U.K. Experience. In Reserve Bank of Australia (Hrsg.), *Papers in Monetary Economics* (Bd. 1, S. 1–20). Reserve Bank of Australia.

3 Das Konzept: Semantic Layer als Bedeutungsebene

Wenn das Kernproblem der datengetriebenen Steuerung in einer fehlenden Bedeutungsebene liegt, muss die Lösung exakt dort ansetzen. Das konzeptionelle Herzstück dafür bildet ein sogenannter Semantic Layer. Er fungiert als architektonische Brücke, die implizites Fachwissen in feste, systemische Regeln übersetzt und so die Lücke zwischen nackten Rohdaten und ihrer strategischen Interpretation schließt.

Um zu verstehen, warum ein Semantic Layer eine nachhaltige strukturelle Antwort auf Kontexterosion und Shadow Analytics ist, genügt es nicht, ausschließlich innerhalb der Logik klassischer Kommunikationsabteilungen zu argumentieren. Der Ansatz erfordert einen Blick in die Disziplin der Datenmodellierung.

▶ **Definition** Der Begriff „Semantik" entstammt dem Griechischen und bedeutet schlicht: Bedeutung. Ein Semantic Layer ist demnach eine Bedeutungsschicht. Er bildet in der IT-Architektur eine strukturierte, maschinenlesbare Ebene, die verbindlich festlegt, was Datenpunkte in einem spezifischen organisationalen Kontext *bedeuten*. Er definiert nicht, wie Daten technisch gespeichert werden, sondern übersetzt sie in fachliche Konzepte, die als verlässliche Grundlage für die operative und strategische Steuerung dienen.

In der klassischen Informatik ist diese Ebene seit Jahrzehnten das Fundament stabiler, konsistenter Informationssysteme. Erst unter den heutigen Bedingungen von enormem Datenüberfluss, dezentraler Self-Service-BI und dem aufkommenden Einsatz generativer Künstlicher Intelligenz wird jedoch für das Management sichtbar, dass diese Disziplin nicht nur eine technische, sondern eine hochgradig strate-

P. Götz, R. Stobbe, *Governance der Kommunikationssteuerung durch Semantic Models*, essentials, https://doi.org/10.1007/978-3-658-52590-3_3

gische Relevanz besitzt. Was in der IT als Grundvoraussetzung für Systemstabilität gilt, wird in der Unternehmenskommunikation zur zwingenden Voraussetzung für die Steuerungsfähigkeit.

Ohne diese verbindliche Schicht entstehen in datengetriebenen Organisationen sehr schnell konkurrierende Wahrheiten: gleiche Begriffe, unterschiedliche Definitionen und in der Konsequenz widersprüchliche Steuerungsimpulse für das Marketing- und Kommunikationsmanagement. Ein Semantic Layer verhindert dies, indem er Bedeutung explizit macht. Dabei wird das klassische Konzept der „Single Source of Truth" (SSOT) gedanklich entscheidend erweitert: Die SSOT besteht nicht mehr nur aus nackten Kennzahlen und Dimensionen. Vielmehr wird die *Bedeutung* dieser Daten zur einzigen zentralen Wahrheit für das Unternehmen erhoben und als verbindliche Referenz für Reporting, Interpretation und KI-Nutzung bereitgestellt.

3.1 Die Definition: Weit mehr als Metadaten

Ein Semantic Layer ist im Kern eine formalisierte Abstraktionsschicht. Er vermittelt zwischen zwei Welten, die in Unternehmen traditionell strikt getrennt existieren: der physischen Speicherung von Daten (Data Warehouse, Data Lake, Cloud Storage) und ihrer fachlichen Interpretation durch die Endanwender (Dashboards, Reports, KI-Agenten).

Technische Datenstrukturen sind historisch so gewachsen und gestaltet worden, dass sie von Maschinen möglichst effizient verarbeitet und gespeichert werden können. Tabellen- und Feldnamen folgen internen IT-Logiken, Performance-Anforderungen oder den Vorgaben externer Softwareanbieter.

Beispiel

In der relationalen Datenbank eines Unternehmens existiert ein Feld, das technisch korrekt, aber fachlich völlig unverständlich als *cnt_u_attr_30d* benannt ist. Für den SQL-Server und die Datenbankadministration ist diese Bezeichnung zur fehlerfreien Verarbeitung absolut ausreichend. Für die Mitarbeitenden in einer Kommunikationsabteilung, die eine Kampagne auswerten sollen, ist diese Bezeichnung jedoch wertlos und bietet maximalen Interpretationsspielraum. Ein semantisches Modell übersetzt diese technische, kryptische Struktur in eine fachlich verbindliche und verständliche Bedeutung. Der Semantic Layer definiert unmissverständlich, dass das Feld *cnt_u_attr_30d* im Kontext dieser spezifischen Organisationseinheit die „Netto-Reichweite in der Zielgruppe der politischen Entscheider über einen Zeitraum von 30 Tagen" repräsentiert. ◄

Die Schicht leistet jedoch noch mehr als reine Übersetzung. Sie legt als Regelwerk fest:

- Wie genau wird diese Reichweite berechnet?
- Welche Filter müssen zwingend angewendet werden?
- Welche physischen Datenquellen liegen dieser Berechnung zugrunde?
- Wer ist namentlich für diese Definition verantwortlich?

Der entscheidende Punkt liegt in der konzeptionellen Abgrenzung: Ein Semantic Layer ist weder ein einzelnes Software-Tool noch ein Bericht und schon gar nicht ein Glossar im Sinne eines statischen Nachschlagewerks (wie etwa ein Wiki-Eintrag). Er ist die formalisierte Repräsentation fachlichen Wissens in einer Form, die systemisch referenzierbar und maschinenlesbar ist. Er kodifiziert gewissermaßen den Vertrag darüber, wie die komplexe Kommunikationsrealität in Daten übersetzt wird. Damit wird betriebswirtschaftliche Bedeutung nicht mehr implizit bei den Betrachtenden vorausgesetzt, sondern explizit in der Architektur modelliert.

Die drei Schichten der modernen Datenarchitektur

1. **Nutzungsschicht (Top Layer):** Dashboards, Self-Service-BI-Tools, automatisierte Reportings und KI-Anwendungen. Hier finden die Visualisierung und Interaktion statt.
2. **Bedeutungsschicht (Semantic Layer):** Das Regelwerk. Hier liegen Dokumentation, Übersetzungslogiken, Formeln, Relationen und Versionierungen als ausführbarer Code.
3. **Speicherschicht (Bottom Layer):** Data Warehouses, Data Lakes, Cloud Storage. Hier liegen die rohen, unstrukturierten oder relationalen Massendaten, optimiert auf Performance und Skalierbarkeit.

3.2 Vom Schutz der Datenintegrität zur Sicherung der Bedeutungsintegrität

Die konzeptionellen Ursprünge dieser Logik liegen in der Softwareentwicklung der 1970er-Jahre. Dort wurden sogenannte Entity-Relationship-Modelle entwickelt (vgl. Chen, 1976), um sicherzustellen, dass Daten konsistent und fehlerfrei miteinander verknüpft sind. Ein Kunde gehört in einem solchen Modell logisch zu einer Bestellung; eine Bestellung darf im System schlichtweg nicht existieren, wenn es keinen dazugehörigen Kunden gibt. Solche harten Datenbank-Regeln schützen die Integrität der Datenstruktur.

In der klassischen IT-Governance ging und geht es primär darum, logische Widersprüche und Inkonsistenzen auf dieser rein technischen Ebene zu verhindern. Überträgt man diese Denkweise jedoch auf moderne Kommunikations- und Marketingdaten, verschiebt sich der Fokus. Es reicht heute nicht mehr aus, dass die Daten in den Tabellen fehlerfrei vorliegen. Auch ihre Interpretation muss fehlerfrei und konsistent sein.

In der Theorie oder in klassischen IT-Abteilungen mögen exzellent gepflegte Datenpipelines der Standard sein. In der Realität der Unternehmenskommunikation sieht das Bild jedoch deutlich nüchterner aus: Wie die Erhebungen des CommTech Index Reports (AG CommTech, 2026) regelmäßig belegen, scheitern viele Digitalisierungsbemühungen in der PR-Branche genau an diesen grundlegenden Hausaufgaben: mangelnde Datenintegration, isolierte Systeme und eine fehlende valide Datenbasis. Doch selbst wenn diese technischen Hürden in manchen Konzernen durch eine starke IT überwunden sind, bleibt ein strategisches Kernproblem bestehen: Die Frage, was eine aggregierte Kennzahl für das Unternehmen exakt aussagt, ist oftmals reine Verhandlungsmasse. Zwei unterschiedliche Abteilungen können im selben Meeting denselben KPI-Namen verwenden und dennoch völlig unterschiedliche mathematische Definitionen zugrunde legen. Technisch ist das System damit vollkommen intakt, semantisch ist es jedoch fragmentiert und damit steuerungsunfähig.

► Ein Semantic Layer überträgt die strenge Disziplin der Informatik auf die Ebene der Bedeutung im Kommunikations-Controlling und erweitert sie von der reinen Sicherung der *Datenintegrität* (IT-Fokus) hin zur Sicherung der *Bedeutungsintegrität* (Management-Fokus).

Der Semantic Layer dokumentiert also nicht nur, dass zwei Datenbanktabellen über einen Primärschlüssel verknüpft sind, sondern *warum* zwei fachliche Konzepte in der Realität in Beziehung stehen. Er macht transparent, welche kommunikative Wirkungskette vom Management angenommen wird, welche Definition verbindlich gilt und in welchem Kontext ein Ausschlag der Kennzahl interpretiert werden darf.

3.3 Die Übertragung auf Marketing- und Kommunikationsdaten

An dieser Stelle bedarf es einer klaren Positionierung der methodischen Originalität: Die technologische Konzeption eines Semantic Layers an sich ist keine neue Erfindung, sie ist in der modernen IT-Architektur und Softwareentwicklung längst etabliert. Der Innovationsgehalt liegt vielmehr in der systematischen Übertragung dieses Prinzips in die Fachlogik des Kommunikations-Controllings.

Die eigentliche intellektuelle und architektonische Herausforderung besteht darin, diese abstrakte Modellierungslogik nicht in der IT-Theorie zu belassen, sondern sie konkret und operativ auf die Welt der Unternehmenskommunikation anzuwenden.

Zunächst erfordert dies einen radikalen Perspektivwechsel auf das, was bisher in Abteilungen als „Datensatz" betrachtet wurde. Eine Pressemitteilung, ein Social-Media-Post oder ein Stakeholder-Event sind im Semantic Layer nicht länger lediglich Zeilen in einer flachen Tabelle. Sie werden als eigenständige fachliche Objekte (Entitäten) mit definierten Eigenschaften (Attributen) modelliert.

Eine Zielgruppe ist in dieser Logik kein bloßer demografischer Filter im Dropdown-Menü eines Reporting-Tools mehr. Sie ist eine fest modellierte Entität mit klar beschriebenen Erwartungshaltungen, verknüpft mit spezifischen Medienkanälen und Zielen auf unterschiedlichen Ebenen bis hin zu den strategischen Unternehmenszielen. Themen, Kernbotschaften, Kanäle, Stakeholder und Reputationsziele werden als strukturelle Bausteine eines zusammenhängenden, mehrdimensionalen Modells verstanden und verknüpft.

Darüber hinaus zwingt die Einführung eines Semantic Layers die Organisation dazu, implizite Berechnungslogiken aus ihrem Versteck zu holen. In vielen Unternehmen sind die Formeln für zentrale Erfolgsmetriken in den Tiefen von Dashboard-Visualisierungen verborgen oder existieren nur als ungeschriebenes Erfahrungswissen einzelner Analysten. Das semantische Modell definiert verbindlich als Code, unter welchen mathematischen Bedingungen beispielsweise der Erfolg eines Stakeholder-Dialogs gemessen wird, welche Aggregationsregeln gelten und wie mit fehlenden Datensätzen umgegangen wird.

3.4 Integrierte Wissensarchitektur

Kommunikations- und Controlling-Abteilungen versuchen dem Problem der Kontexterosion in der betrieblichen Praxis häufig mit einem klassischen Instrument zu begegnen: dem statischen KPI-Handbuch oder dem Messkonzept. In diesen oft dutzende Seiten starken PDF- oder Word-Dokumenten werden Definitionen, Formeln und Verantwortlichkeiten in Steckbriefen akribisch niedergeschrieben.

Diese Dokumente erfüllen zweifellos einen wichtigen initialen Zweck, scheitern im Alltag jedoch fast immer an einem entscheidenden Konstruktionsfehler: Sie sind von der operativen, technischen Datenarchitektur physisch entkoppelt. Ihre Aktualität hängt vollständig von der manuellen Pflege durch stark ausgelastete Mitarbeitende ab. Wird eine Tracking-Logik im Web-Analytics-Tool geändert, vergisst man unter Zeitdruck womöglich, das PDF-Handbuch auf dem internen SharePoint-Laufwerk zu aktualisieren. Abweichungen zwischen der niedergeschriebenen Dokumentation und der harten Systemlogik sind dadurch kaum zu vermeiden. Das mühsam erstellte Handbuch wird zur Makulatur.

Ein moderner Semantic Layer löst dieses Problem durch das Prinzip der **„Living Documentation"**. In diesem Ansatz existieren die Definitionen der Kennzahlen nicht mehr als toter Text neben dem System. Die Definition *ist* ein integraler Bestandteil des Systems. Wenn die Berechnungslogik für die Engagement Rate im Semantic Layer angepasst wird, ändert sich nicht nur die Dokumentation, sondern die Logik wird in Echtzeit (oder beim nächsten Ladevorgang) an alle angeschlossenen Dashboards und Reports durchgereicht (Executable Contracts). Änderungen werden zudem automatisch versioniert, sodass jederzeit nachvollziehbar bleibt, wie eine Zahl im Vorjahr berechnet wurde.

Fazit

Für Kommunikationsabteilungen bedeutet die Etablierung eines Semantic Layers einen fundamentalen strukturellen Wandel. Das wertvolle Wissen über Kennzahlen, Wirkungslogiken und Definitionsregeln ist nicht länger an das Gedächtnis einzelner Personen oder an veraltete Textdateien gebunden. Es wird zum Bestandteil einer auditierbaren, kollektiven IT-Infrastruktur. Der Semantic Layer fungiert damit als das institutionelle Gedächtnis der Kommunikationssteuerung. Erst auf diesem soliden, maschinenlesbaren Fundament wird es im nächsten Schritt möglich, ein echtes, auf Wirkungsstufen basierendes Fachmodell (wie das DPRG/ICV-Modell von Stobbe e. a., 2010) datengetrieben zum Leben zu erwecken.

Literatur

AG CommTech. (2026). CommTech Index Report 2025/2026.
Chen, P. P.-S. (1976). The entity-relationship model – toward a unified view of data. *ACM Transactions on Database Systems, 1*(1), 9–36.
Stobbe e.a. (2010). Grundmodell für Kommunikations-Controlling. Internationaler Controller Verein e. V. (ICV). Haufe.

Die Lösung: Ein Fachmodell für integrierte Bedeutung

4

Die zentrale gedankliche Verschiebung in der modernen Kommunikationssteuerung besteht darin, sich von der Vorstellung zu lösen, Kommunikation ließe sich durch die lineare Addition isolierter Kennzahlen steuern. In vielen klassischen Reporting-Logiken werden Ergebnisse als aggregierte Summen betrachtet, also als würde sich strategischer Erfolg aus der mechanischen Aufrechnung einzelner Messwerte (Reichweite + Klicks + Erwähnungen) ergeben.

Die betriebliche Realität ist jedoch weit komplexer. Kommunikation ist kein statischer Stapel von Datenpunkten, sondern ein hochdynamisches Geflecht von Wechselwirkungen. Themen beeinflussen Zielgruppen, Zielgruppenreaktionen wirken auf die Reputation, und Reputationsveränderungen beeinflussen letztlich das Marktverhalten. Diese Zusammenhänge sind nicht additiv, sondern relational. Ein Steuerungsmodell, das diese Relationalität nicht abbildet, läuft Gefahr, Unternehmenskommunikation auf isolierte Signale zu reduzieren.

4.1 Kommunikation als Netzwerk statt als Tabelle

Die strategische Steuerung von Marke und Reputation entzieht sich einfachen, linearen Ursache-Wirkungs-Ketten. Unternehmenskommunikation operiert vielmehr als ein komplexes, mehrdimensionales Beziehungsnetzwerk, in dem jede Maßnahme ihre Wirkung in mehrere Richtungen zugleich entfaltet.

P. Götz, R. Stobbe, *Governance der Kommunikationssteuerung durch Semantic Models*, essentials, https://doi.org/10.1007/978-3-658-52590-3_4

Beispiel

Ein strategisches Interview der Geschäftsführung in einem Leitmedium beeinflusst nicht nur die Wahrnehmung bei Investoren, sondern kann zeitgleich massiv auf Employer-Branding-Kennzahlen wirken. Eine Marketingkampagne steigert nicht ausschließlich kurzfristige Conversion-Raten, sondern prägt mittelfristige Narrative über Innovationsfähigkeit oder Nachhaltigkeit. Umgekehrt kann ein einzelner kritischer Diskurs in sozialen Medien die Performance kostenintensiver Paid-Maßnahmen innerhalb kürzester Zeit erodieren lassen. ◀

Diese Phänomene sind keine Anomalien, sondern Ausdruck struktureller Wirkungszusammenhänge. In klassischen, tabellenbasierten Datenstrukturen werden solche Zusammenhänge jedoch systematisch fragmentiert. Der Klick erscheint isoliert im Marketing-Dashboard, das Sentiment im PR-Report und die Bewerberquote im HR-Tracking. Die Verbindungen zwischen diesen Metriken bleiben datentechnisch implizit; sie werden allenfalls argumentativ in Management-Präsentationen hergestellt.

Was in dieser Architektur verloren geht, ist der *Kontext.* Ohne Kontext verliert jedoch selbst eine mathematisch korrekt berechnete Kennzahl ihre strategische Relevanz.

▶ **Merksatz** Ein einzelner Messwert ist zunächst lediglich ein technisches Ereignis. Erst durch seine Einbettung in ein Bedeutungsgefüge wird daraus steuerungsrelevantes Wissen.

Ein Klick gewinnt erst dann an Bedeutung, wenn maschinell nachvollziehbar ist, welcher Kernbotschaft er gefolgt ist, welche spezifische Zielgruppe hier reagiert hat und in welchem Verhältnis diese Reaktion stufenweise zu einem definierten strategischen Unternehmensziel steht.

4.2 Semantische Steuerungsarchitektur: Strukturierte Domänen statt Silos

Um dieses mehrdimensionale Beziehungsgeflecht systematisch erfassbar zu machen, ordnet die **semantische Steuerungsarchitektur** alle relevanten Elemente der Unternehmenskommunikation in sechs zentrale Fachdomänen. Einen visuellen Überblick über dieses Modell bietet Abb. 4.1. Diese Domänen sind ausdrücklich nicht als organisatorische Abteilungssilos zu verstehen, sondern als analytische

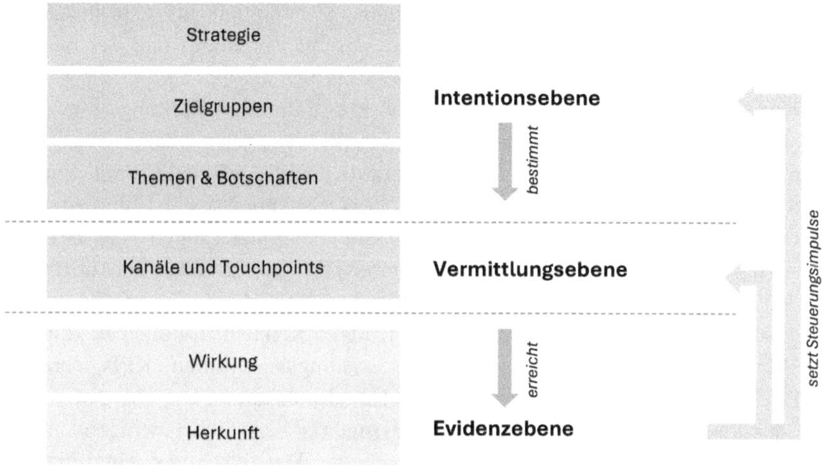

Abb. 4.1 Die semantische Steuerungsarchitektur für Kommunikations-Controlling

Ordnungsprinzipien innerhalb des Semantic Layers. Ihre eigentliche Stärke und strategische Hebelwirkung entfalten sich erst durch ihre systematische Vernetzung untereinander.

1. **Strategie:** Diese Domäne bildet den normativen Referenzrahmen der gesamten Architektur. Hier werden nicht nur kurzfristige Kampagnenziele, sondern die langfristigen Unternehmensziele, Markenwerte und Reputationsdimensionen (wie z. B. „Innovationsführerschaft", „Nachhaltigkeit" oder „Arbeitgeberattraktivität") als feste Entitäten modelliert. Jedes operative Element in den tieferen Ebenen, also jede Botschaft und jede KPI muss logisch auf eine dieser strategischen Zielgrößen rückführbar sein. Fehlt diese Verknüpfung im System, verpufft die Maßnahme strategisch.
2. **Zielgruppen:** In klassischen Dashboards verkommen Zielgruppen oft zu bloßen demografischen Dropdown-Filtern. In der semantischen Architektur wird diese Domäne deutlich aufgewertet: Sie verschmilzt die klassische Stakeholder-Logik der PR (Investoren, Politik, NGOs) mit der Persona-Logik des Marketings (B2B-Entscheider, Endkonsumenten). Zielgruppen werden als komplexe, dynamische „Resonanzräume" mit spezifischen Erwartungshaltungen, Pain Points und Bedürfnissen im Modell verankert.
3. **Themen und Botschaften:** Themen sind die Währung der Unternehmenskommunikation. Diese Domäne strukturiert die inhaltlichen Impulse: von abstrakten strategischen Narrativen über konkrete Themencluster bis hin zu spezi-

fischen Kernbotschaften und Kampagnen. Sie fungiert als entscheidendes Scharnier zwischen der übergeordneten Absicht (Strategie) und der tatsächlichen physischen Umsetzung an den Markt.

4. **Kanäle und Touchpoints:** Kommunikation entfaltet ihre Wirkung niemals im abstrakten Raum, sondern stets an konkreten Kontaktgelegenheiten. Diese Domäne strukturiert die gesamte Bandbreite des PESO-Modells (Paid, Earned, Shared, Owned Media; vgl. Dietrich, 2014). Sie umfasst die Unternehmenswebsite, Social-Media-Kanäle, redaktionelle PR-Platzierungen oder bezahlte Anzeigen. Die semantische Erfassung dieser Touchpoints ist kritisch, um später den Weg eines Nutzers, also die Customer bzw. Stakeholder Journey, algorithmisch nachvollziehen und Erfolge den richtigen Kanälen zuordnen zu können.
5. **Wirkung:** In dieser Domäne sind alle Leistungskennzahlen (KPIs) verortet. Der entscheidende Paradigmenwechsel: Eine Kennzahl (z. B. „Share of Voice" oder „Engagement Rate") existiert hier niemals isoliert. Sie ist zwingend in eine methodisch saubere Wirkungslogik eingebettet. Das System erzwingt die Unterscheidung zwischen bloßem Aufwand (Input), technischer Ausspielung (Output), Nutzung und Wahrnehmung sowie echte Verhaltens- oder Einstellungsänderung (Outcome). Ein reines Interaktionssignal wird somit nicht mehr unreflektiert mit strategischem Unternehmenserfolg gleichgesetzt.
6. **Herkunft:** Die Domäne des Vertrauens und der Auditierbarkeit. Hier wird lückenlos dokumentiert, aus welchen Primärsystemen eine Information bezogen wird (z. B. Salesforce-CRM, Web-Analytics-API, Media-Monitoring-Dienstleister) und unter welchen technischen Bedingungen (Erhebungsmethodik, Aktualisierungsfrequenz, Datenqualität) sie in den Semantic Layer fließt. Diese Ebene schließt die Lücke zur klassischen IT-Governance und ermöglicht es dem Management, die Validität und Belastbarkeit jeder einzelnen Zahl im Dashboard auf Knopfdruck bis zur Quelle nachzuvollziehen.

Die sechs definierten Fachdomänen bilden gemeinsam die **Ontologie,** also das verbindliche Vokabular und Regelwerk der integrierten Steuerungsarchitektur. Sie fungieren als standardisierte Koordinaten in dem mehrdimensionalen Beziehungsnetzwerk der Unternehmenskommunikation.

Dieses Domänenmodell gliedert sich methodisch in drei logisch aufeinander aufbauende Ebenen, die den gesamten Bogen von der abstrakten Unternehmensstrategie bis hin zum harten Datenpunkt in der IT-Infrastruktur spannen:

1. **Die Intentionsebene (Die kommunikative Absicht):** Auf dieser obersten Ebene wird die strategische Ausrichtung definiert. Sie beantwortet die elementaren Fragen der Steuerung: Worauf soll unsere Kommunikation lang-

fristig einzahlen, bei wem wollen wir Resonanz erzeugen und mit welchem inhaltlichen Angebot treten wir in den Diskurs?
2. **Die Vermittlungsebene (Die operative Auslieferung):** Hier wird der Übergang von der strategischen Theorie in die physische oder digitale Realität beschrieben. Sie beantwortet die Frage: Wo und wie treffen unsere Impulse tatsächlich auf die definierten Zielgruppen?
3. **Die Evidenzebene (Der datengetriebene Beweis):** Auf dieser Ebene wird messbar gemacht, woran Veränderungen in den Zielgruppen beobachtbar werden und wie belastbar diese Beobachtungen technisch sind. Hier trifft das semantische Fachmodell auf die IT-Infrastruktur.

Durch diese systematische Klassifizierung wird sichergestellt, dass Rohdaten nicht zusammenhanglos visualisiert werden, sondern stets zwingend mit ihrem strategischen Kontext verknüpft bleiben. Erst wenn diese sechs Domänen logisch miteinander verbunden sind, lässt sich die zentrale Kernfrage der Unternehmenssteuerung systemseitig und automatisiert beantworten:

*Welches **Thema** (3) hat auf welchem **Kanal** (4) bei welcher **Zielgruppe** (2) den größten **Wirkungsbeitrag** (5) zur **Strategie** (1) geleistet, und aus welcher überprüfbaren **Quelle** (6) stammt dieser Beweis?*

4.3 Vom Strukturprinzip zum „Semantischen Objektprofil"

Während die Domänen festlegen, *wo* ein Objekt im semantischen System verortet ist, werden die qualitativen Anforderungen an die Datenpunkte streng reguliert. Dies ist der Kern der Data Governance.

▶ **Definition** Das Semantische Objektprofil definiert die minimalen inhaltlichen und strukturellen Anforderungen an jedes Informationsobjekt. Es zwingt die Organisation dazu, implizites Wissen explizit zu kodifizieren und stellt die belastbare Verknüpfung der Objekte sicher.

Um eine reibungslose systemische Verknüpfung zu garantieren, erfordert jedes Objekt im Semantic Layer (sei es die KPI „Engagement Rate" oder das strategische Thema „Nachhaltigkeit") ein standardisiertes Profil. Diese Struktur stellt die unabdingbare architektonische Mindestanforderung dar, um Kontexterosion auszuschließen. Die folgenden fünf Dimensionen bilden das zwingende Fundament:

1. **Identität:** Eindeutige Typisierung. Was ist das Objekt? Zu welcher Domäne gehört es? Welche Varianten (Märkte, Marken) schließt es ein oder aus?
2. **Definition:** Die unmissverständliche inhaltliche Bedeutung. Für KPIs umfasst dies die exakte Berechnungsformel, Aggregationslogik und zwingende Filter.
3. **Relation:** Der Verknüpfungsanker. Jedes Objekt muss explizit ausweisen, mit welchen anderen Objekten es in Beziehung steht (z. B. Kampagne X *zahlt ein auf* Zielgruppe Y *und wird gemessen durch* KPI Z). Zusammenhänge dürfen nicht mehr nur behauptet werden.
4. **Verantwortlichkeit:** Klare Zuständigkeiten (Data Owner/Data Steward) sowie Regeln für Änderung und Freigabe.
5. **Ursprung:** Herkunft und Aktualität der zugrunde liegenden Datenquelle.

Diese fünf Dimensionen bilden ein kritisches Fundament. Fehlt auch nur eine, verliert das maschinenlesbare Netzwerk massiv an Integrität. Ist dieses Fundament jedoch einmal etabliert, lässt sich das Objektprofil flexibel und skalierbar um dutzende weitere Attribute (z. B. Budget-Tags, regionale Freigabestufen oder historische Gültigkeitszeiträume) anreichern, ohne die zugrunde liegende Systemarchitektur zu gefährden. Wie ein solches Profil in der Praxis aussehen kann, veranschaulicht Abb. 4.2 anhand eines Beispiels aus dem Marketing.

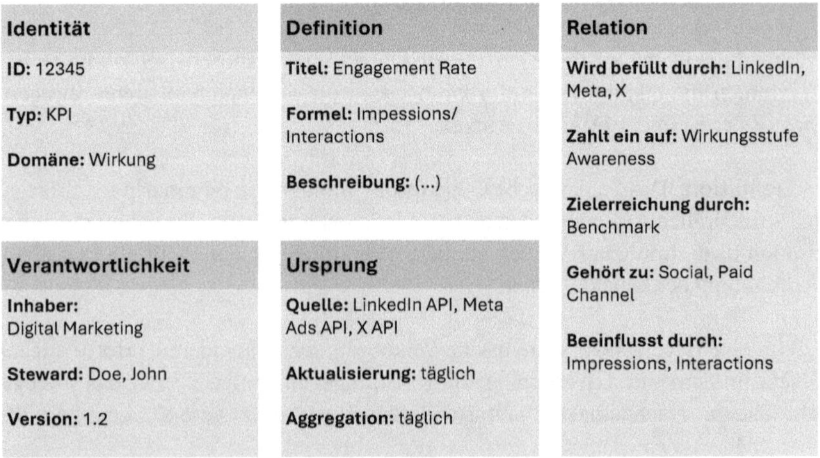

Abb. 4.2 Beispiel eines semantischen Objektprofils im Marketing

4.4 Die Semantik der Wirkung: Das DPRG/ICV-Modell im Semantic Layer

Ein derartiges theoretisches Fundament entfaltet seinen Wert für das Management erst, wenn es auf die bewährten Standards der betriebswirtschaftlichen Praxis angewandt wird. Im Bereich der Unternehmenskommunikation bildet das Wirkungsstufenmodell, das vom Facharbeitskreis Kommunikations-Controlling im Internationalen Controller Verein (ICV) und der DPRG unter Mitwirkung von Experten wie Dr. Reimer Stobbe 2010 entwickelt wurde, den methodischen Standard.

Das Modell besticht durch seine stringente Managementorientierung: Es verknüpft die Leistungs- und Wirkungsebene der Kommunikation untrennbar mit der strategischen Unternehmenssteuerung. Kommunikation wird hier nicht als Selbstzweck bewertet, sondern entlang einer logischen Wertschöpfungstreppe: vom eingesetzten Aufwand *(Input)*, über die internen und externen Leistungen *(Output)* sowie die Wahrnehmungs- und Verhaltensänderungen bei Stakeholdern *(Outcome)* bis hin zum betriebswirtschaftlichen Wertbeitrag *(Outflow)*.

Dieser Ansatz erfordert einen strategischen Planungsprozess (Top-down): Ausgehend vom übergeordneten Unternehmensziel werden die notwendigen Einstellungsänderungen der Zielgruppen definiert, daraus die Botschaften abgeleitet und schließlich die Ressourcen (Input) allokiert. Diesem Planungsprozess steht der datengetriebene Messprozess (Bottom-up) gegenüber, der die tatsächliche Wirkung entlang der Stufen von unten nach oben nachweist.

Die traditionelle Erfolgsmessung in Unternehmen scheitert jedoch oft genau an diesem datengetriebenen Messprozess. Der Grund ist die Fragmentierung der zugrunde liegenden Daten: Der *Input* (Kosten, Personal) liegt isoliert im ERP-System. Der externe *Output* (Reichweiten, Klicks) verharrt in Web-Analytics- oder Social-Listening-Tools. Der *Outflow* (Leads, Vertragsabschlüsse) findet sich im CRM-System.

Der Semantic Layer fungiert hier als das verbindende Nervensystem. Er tritt nicht in Konkurrenz zum Wirkungsstufenmodell, sondern ist sein notwendiger technologischer Enabler im Zeitalter von Big Data. Er mappt das mehrdimensionale, chaotische Datennetzwerk der IT-Systeme präzise auf die analytisch klaren Treppenstufen des DPRG/ICV-Modells.

Konkrete Modellierung der Wirkungsstufen

Im Semantic Layer werden die isolierten Datenpunkte durch das *Objektprofil* semantisch miteinander verknüpft und den Wirkungsstufen zugeordnet:

- **Input (Ressourceneinsatz):** Ein Budgetposten aus dem ERP-System wird im Semantic Layer nicht nur als „Kostenstelle 4711“ geführt, sondern semantisch als Entität modelliert und direkt mit dem Objekt *Kampagne* sowie dem spezifischen *Themencluster* verknüpft. So wird messbar, wie viel Investition konkret hinter einer inhaltlichen Strategie steht.

- **Output (Leistung):** Ein Website-Visit aus dem Analytics-Tool ist für sich genommen wertlos. Im Semantic Layer wird dieses Ereignis klassifiziert und automatisch über Relationen mit der auslösenden *Botschaft,* dem *Kanal* und der intendierten *Zielgruppe* verknüpft.
- **Outcome (Direkte/Indirekte Wirkung):** Hier geht es um Einstellungs- und Verhaltensänderungen. Reputationsindizes, Awareness-Raten oder Net Promoter Scores (NPS) aus Marktforschungstools werden als *Outcome* typisiert. Der Semantic Layer kann nun programmgesteuert auswerten, ob Spitzen im *Externen Output* tatsächlich mit Veränderungen im *Outcome* (gesteigertes Vertrauen der Zielgruppe) korrelieren.
- **Outflow (Wertschöpfung):** Strategische Zielgrößen wie Projektabschlüsse, Bewerberzahlen oder die Reduktion von Krisenkosten. Der Semantic Layer schließt den Kreis, indem er die vorangegangenen Wirkungsstufen konzeptionell mit diesen CRM- oder HR-Metriken verbindet.

4.5 Die Grenzen der Modellierung: Was die Architektur nicht leisten kann

So überzeugend die Vorteile einer integrierten Bedeutungsschicht sind, so wichtig ist für die praktische Glaubwürdigkeit eine klare methodische Abgrenzung. Die Verlockung ist groß, technologische Infrastrukturen als „Allheilmittel" für jegliche Steuerungsprobleme zu betrachten. Ein Semantic Layer ist jedoch eine strukturierende Basis, die klaren Grenzen unterliegt:

1. **Kein Heilmittel für schlechte Datenqualität:** Ein Semantic Layer ordnet und kontextualisiert Daten, aber er verbessert nicht automatisch ihre primäre Qualität. Wenn das zugrunde liegende Web-Tracking fehlerhaft implementiert ist oder Stakeholder-Umfragen methodisch unsauber geführt wurden, aggregiert der Semantic Layer lediglich unbrauchbare Daten auf hohem Niveau. Aus schwachen, fehlerhaften Primärdaten generiert auch das beste semantische Modell keine validen Outcomes („Garbage in, Garbage out").
2. **Kein Ersatz für empirische Kausalität:** Die Architektur macht Wirkungsannahmen in Dashboards sichtbar und modelliert sie als logische Relationen. Sie beweist damit jedoch noch keine naturgesetzliche Kausalität. Korrelationen im Knowledge Graph sind hochgradig plausible, strukturierte Hypothesen und

basieren auf Vereinbarungen in der jeweiligen Organisation. Um zweifelsfrei zu belegen, dass Kampagne X direkt die Einstellungsänderung Y bewirkt hat, bedarf es weiterhin sauberer empirischer Forschungsmethoden (wie z. B. A/B-Tests oder Kontrollgruppen).

3. **Keine Lösung für politische Zielkonflikte:** Wenn verschiedene Abteilungen konkurrierende Ziele verfolgen (z. B. kurzfristige Sales-Conversion vs. langfristiger Reputationsaufbau), deckt der Semantic Layer diese Widersprüche und KPI-Drifts zwar schonungslos auf. Er hebt sie jedoch nicht von selbst auf. Die Organisation und das Management müssen diese politischen Konflikte und Priorisierungen weiterhin menschlich aushandeln.

Diese Eingrenzungen schmälern den Wert der semantischen Architektur nicht, sondern schärfen sogar eher noch das Profil dessen, was das System leisten soll: die absolute Transparenz und methodische Vergleichbarkeit als Entscheidungsgrundlage herzustellen, auf der menschliches Management erst sinnvoll agieren kann.

Fazit

Das semantische Modell befreit die Wirkungslogik des Kommunikations-Controllings von der flachen Zweidimensionalität klassischer Präsentationsfolien und Excel-Tabellen. Indem es die isolierten Daten-Silos des Unternehmens semantisch miteinander verwebt, macht es den anspruchsvollen Top-down-/Bottom-up-Zyklus erstmals in der Breite operativ steuerbar.

Literatur

Dietrich, G. (2014). *Spin Sucks: Communication and Reputation Management in the Digital Age*. Que Publishing.

Stobbe e.a. (2010). *Grundmodell für Kommunikations-Controlling*. Internationaler Controller Verein e. V. (ICV). Haufe.

5 Die technologische Antwort: Semantic Layer im Knowledge Graph

Data Warehouses (DWH) und Data Lakes erfüllen in modernen Unternehmen eine essenzielle Kernaufgabe: Sie speichern, aggregieren und verarbeiten massive Datenmengen hoch performant. Was diesen Systemen jedoch systembedingt fehlt, ist eine Ebene, in der Bedeutung, Definitionen, Zuständigkeiten und Beziehungsnetzwerke als eigenständige, abfragbare Struktur geführt werden.

Diese Rolle übernimmt der Semantic Layer: eine konzeptionell eigenständige technologische Schicht, die fachliche Objekte nach den Regeln des in Kap. 4 beschriebenen *Semantischen Objektprofils* beschreibt, domänenübergreifend verknüpft und für das Management-Reporting sowie für KI-Anwendungen verlässlich nutzbar macht.

5.1 Das technische Prinzip des Semantic Layers

In klassisch gewachsenen IT-Architekturen sind Datenhaltung und fachliche Interpretation untrennbar miteinander verflochten. Diese architektonische Vermischung führt zu dem als „Scattered Logic" (verstreute Logik) bezeichneten Phänomen, das die Ursache für viele der in Kap. 2 beschriebenen Steuerungsprobleme ist.

Berechnungslogiken für Leistungskennzahlen, komplexe Filterbedingungen oder Zuordnungen von Themen zu strategischen Zielen sind in der betrieblichen Praxis meist dezentral verteilt. Sie verbergen sich in unzähligen SQL-Fragmenten, in den Konfigurationsmenüs diverser BI-Tools oder in den Makros lokaler Excel-Dateien. Die *Bedeutung* einer Kennzahl ist damit implizit in Codefragmenten direkt in der Visualisierung eingeschrieben. Bei jeder methodischen Anpassung muss

P. Götz, R. Stobbe, *Governance der Kommunikationssteuerung durch Semantic Models*, essentials, https://doi.org/10.1007/978-3-658-52590-3_5

diese Logik mühsam und fehleranfällig an dutzenden Stellen manuell synchronisiert werden.

Ein Semantic Layer verfolgt einen anderen architektonischen Ansatz: Er erzwingt die methodische Entkopplung von physischer Speicherung und fachlicher Geschäftslogik.

Die Speicherebene: Bleibt in ihrer Funktion unangetastet. Hier liegen die harten Fakten: Transaktionen, Web-Interaktionen, Reichweitenwerte, CRM-Einträge oder Sentiment-Scores. Diese Systeme sind für Speichervolumen und Lese-Performance optimiert und repräsentieren die rohe, uninterpretierte Realität der Organisation.

Die Bedeutungsebene: Legt sich wie eine logische, ordnende Schablone über diese Speicherebene. Sie speichert nicht die Massendaten selbst, sondern ausschließlich deren kontextuelle Struktur: Definitionen, Beziehungen und Verantwortlichkeiten. Sie enthält das *Semantische Objektprofil* für jede Metrik und verknüpft dieses Profil mit den physischen Tabellen der darunterliegenden Speicherebene.

▶ **Merksatz** Die untere Speicherebene beantwortet ausschließlich die Frage, *welche* Datenmengen physisch vorhanden sind. Die darüberliegende Bedeutungsebene beantwortet als einzige Instanz die Frage, *was* diese Daten im strategischen Unternehmenskontext bedeuten.

5.2 Zentralisierung von Logik als Governance-Prinzip

Ein wiederkehrendes Problem klassischer Business-Intelligence-Umgebungen in der Unternehmenskommunikation ist die Dezentralisierung von Definitionsmacht. Wenn Fachabteilungen ihre Dashboards im Rahmen von Self-Service-BI selbst bauen, entstehen unweigerlich konkurrierende Definitionen für eigentlich standardisierte Metriken.

Der Semantic Layer löst dieses Problem, indem er die Erstellung dieser Logik an einen einzigen, auditierbaren Ort im Unternehmen verschiebt.

Die mathematische Definition einer Kennzahl, ihre fachliche Einordnung und ihre strategische Verknüpfung werden einmalig als „Executable Contract" (ausführbarer Vertrag) auf Objektebene definiert. Reporting-Systeme, Dashboards oder analytische Python-Skripte greifen nicht mehr auf Rohwerte in Datenbanktabellen zu und berechnen diese selbst. Sie referenzieren lediglich das zentrale Semantik-Objekt.

Beispiel

Angenommen, die Kommunikationsleitung beschließt, dass für die unternehmensweite Berechnung der „Engagement-Rate" auf Social Media einfache „Likes" künftig nicht mehr gewertet werden, da sie als wenig aussagekräftige Vanity-Metrik gelten. Stattdessen sollen nur noch „Shares" und „Kommentare" in die Kennzahl einfließen. In einer klassischen Architektur müsste diese neue Berechnungslogik nun in dutzenden Agentur-Reports, abteilungsinternen Excel-Listen und Management-Dashboards manuell umprogrammiert werden; ein Garant für widersprüchliche Zahlen im nächsten Vorstandsmeeting. Im Semantic Layer passt die zuständige Person lediglich die mathematische Formel im *Semantischen Objektprofil* der KPI „Engagement-Rate" an einem einzigen, zentralen Ort an. Diese neue Logik wird versioniert und beim nächsten Ladevorgang automatisch und verbindlich an *alle* angeschlossenen Dashboards, Berichte und KI-Systeme im gesamten Unternehmen durchgereicht. ◀

Damit wird Data Governance in der Unternehmenskommunikation nicht mehr nur organisatorisch gefordert, etwa durch die Bitte, sich an ein statisches KPI-PDF-Handbuch zu halten, sondern architektonisch erzwungen. Das Resultat ist eine systemseitig verankerte „Governance by Design". Die erweiterte Single Source of Truth wird somit Realität: Nicht nur der physische Datensatz ist eindeutig, sondern vor allem seine verbindliche fachliche Interpretation.

▶ **Definition** Der Ansatz **„Governance by Design"** bedeutet, dass verbindliche Regeln, Standards und strategische Definitionen nicht erst nachträglich durch organisatorische Richtlinien oder manuelle Kontrollen eingefordert werden. Sie sind stattdessen untrennbar und ausführend in die technologische Architektur integriert. Das System selbst erschwert Regelverstöße und widersprüchliche Definitionen durch harte architektonische Leitplanken und macht methodische Abweichungen sofort transparent.

5.3 Warum ein Knowledge Graph konzeptionell geeignet ist

Eine semantische Schicht kann technologisch unterschiedlich realisiert werden. Für die hochgradig vernetzte Realität der Unternehmenskommunikation bietet sich jedoch der **Knowledge Graph** als erfolgversprechendste architektonische Lösung an. Um diesen Vorteil zu verstehen, muss man die fundamentale Schwäche traditioneller Systeme betrachten: Relationale Datenbanken sind darauf optimiert, Datensätze in Form starrer Zeilen und Spalten abzuspeichern. Für klar abgrenzbare, eindimensionale Transaktionen, wie zum Beispiel eine Buchung im Finanzsystem oder eine Liste von Medienkontakten, ist dies perfekt. Ein Wirkungsstufenmodell lässt sich dagegen nur schwer in statischen Tabellen abbilden. Es ist ein dynamisches, mehrdimensionales Beziehungsnetzwerk. Sobald Beziehungen selbst zum primären Erkenntnisgegenstand werden (z. B. Kampagne X wirkt auf Zielgruppe Y und treibt Reputationswert Z), eskalieren tabellarische Systeme. Jede neue Beziehungsklasse erfordert das komplexe Verbinden etlicher Tabellen. Das macht SQL-basierte Systeme in diesem speziellen Anwendungsfall fehleranfällig, starr und bei tiefen Abfragen extrem langsam.

▶ **Definition** Ein **Knowledge Graph** ist eine Datenbanktechnologie, die Daten nicht in starren Tabellen, sondern als flexibles Netzwerk aus Knoten (Nodes) und Kanten (Edges) speichert. Breiteren Kreisen wurde dieses Konzept ab 2012 bekannt, als Google den Knowledge Graph als Kernstück seiner Suchmaschine einführte, um Informationen semantisch zu verknüpfen. In einem solchen Modell repräsentieren Knoten die fachlichen Entitäten (das Thema *„Digitalisierung“*, die Zielgruppe *„Investoren“*, die KPI *„Sentiment-Score“*). Kanten repräsentieren die aktiven Beziehungen zwischen diesen Entitäten *(„zahlt ein auf“, „wird gemessen durch“, „gehört zur Kampagne“).*

In einem Knowledge Graph sind Beziehungen keine technischen Behelfskonstruktionen, sondern gleichwertige Informationsobjekte. Das bietet für die Kommunikationssteuerung entscheidende Vorteile:

Der architektonische Mehrwert von Knowledge Graphs

Semantische Nähe statt Joins: Das System „versteht“ intrinsisch, dass eine Pressekonferenz (Output) über das Thema Strategie mit der Zielgruppe „Shareholder“ (Outcome) in einer logischen Wirkungskette steht. Entwicklerteams müssen diese Verbindung nicht für jeden Report über komplexe Tabellenverknüpfungen neu schreiben. Die Antwort liegt direkt in der Struktur des Graphen.

Exploration statt starrer Abfrage: Führungskräfte können im Dashboard nicht nur statische KPI-Werte ablesen, sondern das Netzwerk entlang der „Kanten“ explorieren (z. B. Ad-hoc-Abfrage: „Zeige mir das gesamte

Geflecht an Touchpoints und KPIs, die aktuell durch den Knoten *Thema: Krisen-PR* beeinflusst werden").

Iterative Skalierung ohne Systembruch: Wenn eine völlig neue Datenquelle adaptiert werden soll, muss nicht das gesamte Datenbankschema von der IT umgebaut werden. Es wird schlicht ein neuer Knoten im Graphen erzeugt und mit den bestehenden Kampagnen-, Themen- und Wirkungsknoten verknüpft.

5.4 Zukunftsfähigkeit: Der Semantic Layer als Fundament für vertrauenswürdige KI (Graph Grounding)

Der strategische Wert eines auf Knowledge Graphs basierenden Semantic Layers zeigt sich nirgends deutlicher als im Kontext der Transformation durch Generative Künstliche Intelligenz (GenAI) und Large Language Models (LLMs).

Die Verlockung für das Management ist immens: Statt Dashboards manuell zu filtern, sollen KI-Agenten die komplexe Datenbasis der Unternehmenskommunikation künftig in natürlicher Sprache analysieren. Eine typische Frage an die KI könnte lauten: *„Warum ist der Outcome-KPI im strategischen Segment ‚Nachhaltigkeit' im letzten Quartal gesunken, obwohl wir den finanziellen Input für PR-Kampagnen erhöht haben?"*

Lässt man ein LLM jedoch direkt auf unstrukturierte Unternehmensdaten, Sharepoint-Ablagen oder klassische SQL-Datenbanken zugreifen, kommt es in der Praxis sehr häufig zu einem massiven Problem: Die KI halluziniert oder zieht strategisch falsche Schlüsse.

Generative KI-Modelle sind meisterhaft in der Sprachverarbeitung und Mustererkennung. Intern arbeiten sie jedoch rein statistisch: Sie berechnen lediglich die Wahrscheinlichkeit des nächsten Wortes. Ihnen fehlt von Haus aus jegliches Verständnis für die spezifischen Wirkungslogiken, strategischen Prioritäten, Hierarchien und vor allem für die *Definitionen* eines spezifischen Unternehmens. Fehlt dieser verbindliche strukturelle Rahmen, füllt das Modell entstehende Bedeutungslücken mit statistisch plausiblen, fachlich jedoch oft fehlerhaften Annahmen und präsentiert diese als gesichertes Wissen. Die Praxis bestätigt diese Gefahr: Zwar experimentieren laut dem CommTech Index Report (AG CommTech, 2026) mittlerweile ein Großteil aller Kommunikationsabteilungen und PR-Agenturen mit KI-Werkzeugen, doch die systematische Nutzung eigener, strukturierter Daten bleibt der absolute Schwachpunkt der Branche. Ohne die Anbindung an einen fundierten Datenhaushalt, wie ihn ein Semantic Layer bietet, liefert die KI nur generische Antworten.

Die Lösung für dieses Problem der mangelnden Kontextualisierung ist das sogenannte **Graph Grounding,** meist realisiert durch fortschrittliche RAG-Architekturen (Retrieval-Augmented Generation). Der Semantic Layer fungiert hierbei als die zwingend notwendige Brücke zwischen der statistischen KI und der harten Unternehmensrealität.

▶ **Definition Retrieval-Augmented Generation (RAG)** ist eine Architekturform der Künstlichen Intelligenz, die ein Sprachmodell (LLM) mit einer externen, verlässlichen Wissensdatenbank verknüpft. Bevor die KI eine Antwort formuliert *(Generation),* sucht sie zunächst zielgerichtet *(Retrieval)* in dieser angebundenen Datenbank nach den echten Fakten. Die KI stützt sich somit primär auf die bereitgestellten Fakten und nutzt ihre sprachlichen Fähigkeiten vorwiegend dazu, diese kontextbezogen auszuformulieren. In der Kommunikationssteuerung fungiert der Semantic Layer als diese verlässliche Faktendatenbank.

Wenn eine Führungskraft dem KI-Agenten eine Frage zur Kommunikationsleistung stellt, durchsucht die KI nicht blindlings riesige Data Lakes. Der Prozess wird umgeleitet: Die KI wendet sich stattdessen zuerst an den Semantic Layer bzw. den Knowledge Graph. Der Layer liefert der KI als Antwort nicht nur die nackten Zahlen, sondern den maschinenlesbaren, durch das *Semantische Objektprofil* streng gesicherten Kontext:

Welche exakte Berechnungslogik (Filter, Aggregationen) liegt dem gesuchten KPI zugrunde?

Mit welchen Zielgruppen, strategischen Narrativen und Ausspielungskanälen ist dieser Wert laut Unternehmensdefinition verknüpft?

Welche Datenquellen dürfen für die Antwort herangezogen werden und welche sind veraltet?

Beispiel

Nach dem Launch eines neuen Nachhaltigkeitsberichtes fragt die Kommunikationschefin die interne KI: „Wie entwickelt sich das Marken-Sentiment der Gen-Z?" Ohne Semantic Layer würde die KI womöglich das globale, ungewichtete Unternehmenssentiment aus dem Web-Monitoring zitieren. Mithilfe der semantischen Schicht erkennt die KI, dass die Entität „Gen-Z" exklusiv mit bestimmten TikTok- und Instagram-Datenströmen sowie einem spezifischen Berechnungsmodell für Sentiment-Analyse verknüpft ist. Die KI liefert eine präzise, methodisch korrekte Antwort, die den internen Controlling-Standards entspricht. ◀

Eine Künstliche Intelligenz ist im Unternehmenskontext nur exakt so intelligent, verlässlich und auditierbar wie der strukturelle Kontext, den sie referenzieren kann. Der Semantic Layer ist die kuratierte, regelbasierte Wissensbasis, die die KI „erdet".

Durch dieses Graph Grounding wird sichergestellt, dass autonome KI-Systeme exakt jene Metriken, Relationen und Logiken anwenden, die vom Unternehmen offiziell im Semantic Layer freigegeben wurden. Die Interpretationsspielräume der KI werden drastisch minimiert. Der Semantic Layer macht KI-Anwendungen damit kontrollierbar, erklärbar und vollumfänglich auditierbar.

Fazit

Ein Semantic Overlay ist die zwingende konzeptionelle Grundvoraussetzung, um die Geschäftslogik der Unternehmenskommunikation aus den Tabellen-Silos zu befreien. Zwar bietet der Knowledge Graph mit seiner Vernetzung über Knoten und Kanten konzeptionell die ideale technologische Blaupause für dieses Vorhaben, aber auch andere architektonische Lösungen können als Semantic Layer fungieren, sofern sie die in Kap. 4 beschriebenen semantischen Objektprofile systemseitig garantieren. Wer dieses Fundament schafft, unabhängig von der zugrunde liegenden Software, ermöglicht es erst, komplexe Wirkungsmodelle nach DPRG/ICV zu automatisieren und generative KI-Agenten vertrauenswürdig in der Unternehmenssteuerung einzusetzen.

Literatur

AG CommTech. (2026). *CommTech Index Report 2025/2026*. AG CommTech.

6 Operationalisierung: Der Data Steward und die neue Datenkultur

In den meisten Unternehmen existiert ein klares Verständnis darüber, wer die technische Infrastruktur betreibt und wer die aufbereiteten Daten für strategische Entscheidungen konsumiert. Völlig unklar bleibt in der betrieblichen Praxis jedoch oft, wer die fachliche Definition und die verbindliche Bedeutung der Daten, also die Semantik, verantwortet.

Wenn niemand explizit dafür zuständig ist, das in Kap. 4 eingeführte *Semantische Objektprofil* aufzubauen und gegen Aufweichung zu verteidigen, ist die Rückkehr zu alten Mustern sehr wahrscheinlich. Um den Semantic Layer operativ zum Leben zu erwecken, bedarf es daher zwingend einer dedizierten Rolle, die dieses Niemandsland besetzt.

6.1 Die Schlüsselrolle: Der Data Steward in der Unternehmenskommunikation

Während der Data Owner (meist der Chief Communications Officer oder Marketingleiter) die strategische Endverantwortung trägt und die übergeordneten Ziele vorgibt, ist ein **Data Steward** das operative Herzstück der gesamten Steuerungsarchitektur.

Diese Funktion füllt das Governance-Vakuum und bildet die unverzichtbare menschliche Brücke zwischen den technischen Datenbanken der IT und den fachlichen Analyse-Bedürfnissen der Kommunikationsmanager. Ein Data Steward im

P. Götz, R. Stobbe, *Governance der Kommunikationssteuerung durch Semantic Models*, essentials, https://doi.org/10.1007/978-3-658-52590-3_6

Kommunikationsumfeld ist idealerweise keine reine IT-Fachkraft, sondern eine erfahrenere Person aus der Kommunikation oder dem Marketing mit hoher Datenaffinität und einem ausgeprägten methodischen Verständnis für Kommunikationssteuerung. Es ist eine Teilaufgabe des internen Kommunikations-Controllings.

Data Stewards sind operative Kuratoren der semantischen Wahrheit im Unternehmen. Die Position ist dafür verantwortlich, dass die strategischen Vorgaben des Managements fehlerfrei, manipulationssicher und nachvollziehbar in den Semantic Layer übersetzt werden. Dabei verwaltet sie keine Server und erfindet keine Strategien, sondern modelliert, pflegt und überwacht die *Semantischen Objektprofile* der Organisation.

Zu den operativen Kernaufgaben von Data Stewards gehören:

- **Modellierung:** Das methodisch saubere Anlegen neuer Kampagnen, Themencluster und Kennzahlen im System.
- **Profilpflege:** Die lückenlose Dokumentation von Berechnungslogiken, Filtern und relationalen Verknüpfungen in den Semantischen Objektprofilen.
- **Qualitätssicherung:** Die laufende Überwachung der Datenkonsistenz und das Beheben methodischer Inkonsistenzen (z. B. wenn sich Schnittstellen von Social-Media-Plattformen ändern).
- **Gatekeeping:** Die strenge Prüfung von Anforderungen aus dem Fachbereich, um methodische Kurzschlüsse architektonisch zu unterbinden.

6.2 Die Schnittstellen von Data Stewards im Arbeitsalltag

Die Effektivität von Data Stewards zeigt sich in der aktiven Interaktion mit den angrenzenden Bereichen. Die Rolle agiert als methodischer Übersetzer in drei zentrale Richtungen:

Das Schnittstellen-Management des Data Stewards

- **Schnittstelle zum Management (Data Owner)**
  Das Management formuliert strategische Ziele oft abstrakt (z. B. „Wir müssen unsere Innovationsführerschaft in der Gen-Z sichtbarer machen"). Data Stewards übersetzen dies in eine messbare Architektur. Die beratende Funktion unterstützt den Data Owner bei der Definition, welche Outcomes sich datentechnisch überhaupt seriös abbilden lassen, und fordert die Freigabe der übersetzten *Semantischen Objektprofile* ein.
- **Schnittstelle zu den operativen Fachbereichen (PR/Marketing)**
  Diese Schnittstelle dient primär dem methodischen Enablement. Data Stewards befähigen die Kommunikations- und Marketingteams, ihre operativen und strategischen Fragestellungen datengestützt zu beantworten. Beim Aufbau neuer Reportings oder Dashboards stellt er sicher, dass der Fachbereich ausschließlich auf verifizierte *Semantische Objektprofile* zugreift. Dies verhindert proaktiv die erneute Entstehung dezentraler Shadow Analytics. Darüber hinaus fungiert er als fachlicher Sparringspartner, der die Teams in der korrekten Interpretation der Daten entlang eines festgelegten Modells schult.
- **Schnittstelle zur IT-Abteilung (Data Custodian)**
  Die IT verwaltet die physischen Rohdaten. Data Stewards spezifizieren gegenüber der IT exakt, welche Datenpunkte aus welchen Quellsystemen (Web-Analytics, CRM, Media-Monitoring) für die semantische Schicht benötigt werden. Sie sprechen mit der IT über API-Anbindungen und Datenfrequenzen, diskutieren aber nicht über Server-Architekturen.

6.3 Der notwendige Perspektivwechsel: Vom Datensilo zur integrierten Wahrheit

Die Diagnose aus Kap. 2 hat gezeigt, dass *Shadow Analytics* nicht aus technologischer Inkompetenz entsteht. Es ist eine Schutzreaktion. Kommunikationsmanager vertrauen zentralen Systemen nicht, deren Logik sie nicht durchdringen können.

Die Einführung eines Semantic Layers und eines resoluten Data Stewards bedeutet, den Fachbereichen diese hochflexiblen, aber methodisch gefährlichen

„Schatten-Instrumente" aus der Hand zu nehmen. Die Mitarbeitenden müssen sich an eine zentrale, stark regulierte Logik binden. Um Widerstände zu überwinden, muss das Management gezielt ein Umdenken fördern: Weg vom isolierten Silo-Denken, hin zum Verständnis von Kommunikation als vernetztes Ökosystem.

- Der entscheidende kulturelle Perspektivwechsel lautet: Der Verlust der individuellen, abteilungsinternen Datenhoheit ist der Preis für den Gewinn einer abteilungsübergreifenden, vom Vorstand unangreifbaren Bedeutungsintegrität.

Fazit

Eine integrierte Steuerungsarchitektur entfaltet ihre strategische Kraft erst, wenn das technologische Fundament durch eine gelebte Datenkultur gestützt wird. Die Etablierung von Data Stewards als „Methoden-Hüter" ist dabei der entscheidende Erfolgsfaktor. Sie orchestrieren das Zusammenspiel zwischen Management, Fachbereich und IT. Gelingt der kulturelle Perspektivwechsel weg von der isolierten Schatten-Analytik hin zum Vertrauen in eine kuratierte, semantische Wahrheit, verwandelt sich das Kommunikations-Controlling von einem fehleranfälligen Reporting-Konstrukt in den zentralen Navigationskompass des Unternehmens.

7 Die semantische Architektur in der Praxis: Ein Stresstest

Um den architektonischen Mehrwert greifbar zu machen, dient ein typisches Szenario aus der unternehmerischen Praxis als Grundlage.

Beispiel: Die Nachhaltigkeitskampagne unter Beschuss

Ein international agierendes Industrieunternehmen startet eine strategische Kampagne zur ökologischen Transformation. Das übergeordnete Unternehmensziel lautet, die eigene Reputation in diesem Segment zu stärken und sich gleichzeitig als attraktiver Arbeitgeber für junge Nachwuchskräfte zu positionieren. Dafür fließt ein beträchtliches Budget in Paid Media, redaktionelle PR-Platzierungen und Owned-Media-Inhalte. Zwei Wochen nach Kampagnenstart veröffentlicht eine Umwelt-NGO einen kritischen Bericht mit dem Vorwurf des „Greenwashings". Der Bericht wird auf sozialen Netzwerken rasant geteilt und von reichweitenstarken Influencern aufgegriffen. Innerhalb kürzester Zeit entsteht eine hochgradig volatile Kommunikationslage. Das Management beruft eine Krisensitzung ein und fordert von den Kommunikations- und Marketingabteilungen fundierte strategische Handlungsempfehlungen auf Basis harter Daten. An dieser Stelle wird die zugrunde liegende Datenarchitektur zum kritischen Erfolgsfaktor für die Handlungsfähigkeit der Unternehmensführung. ◄

P. Götz, R. Stobbe, *Governance der Kommunikationssteuerung durch Semantic Models*, essentials, https://doi.org/10.1007/978-3-658-52590-3_7

7.1 Szenario A: Der Blindflug der klassischen Silo-Organisation

In einer traditionell organisierten Abteilung ohne semantische Schicht beginnt nun der Prozess der manuellen Datensammlung. Die verschiedenen Teams arbeiten in ihren vertrauten und technologisch vollständig voneinander isolierten Systemen.

Marketing (Ad-Plattformen & Web-Analytics) Die Leistungskennzahlen auf der Ebene des direkten Outputs sehen hervorragend aus. Die Werbeanzeigen generieren Millionen von Impressionen, die Klickraten sind überdurchschnittlich hoch und der Traffic auf der Kampagnen-Website bricht Rekorde.

PR-Abteilung (Media-Monitoring & Social-Listening) Hier zeichnet sich ein drastisch anderes Bild ab. Die Tonalität der Erwähnungen ist dramatisch ins Negative gekippt. Der Share of Voice wird überwiegend von Kritikern dominiert.

HR-Abteilung (Bewerbermanagementsystem) Es zeigt sich ein signifikanter Rückgang der eingehenden Bewerbungen für die aktiv beworbenen Trainee-Programme. Dieser Einbruch lässt sich systemseitig jedoch nicht unmittelbar mit der Kampagne in Verbindung bringen.

In der Vorstandsrunde prallen diese fragmentierten Realitäten ungeschützt aufeinander. Der Chief Marketing Officer präsentiert grüne Dashboards mit enormen Reichweiten. Der Kommunikationschef warnt zeitgleich vor einem massiven Reputationsschaden. Da es keine systemische Klammer gibt, greifen die Abteilungen auf dezentrale Shadow Analytics zurück. Jedes Team hat eigene Excel-Tabellen vorbereitet, um die jeweilige isolierte Sichtweise zu untermauern. Das Meeting entgleist: Anstatt über strategische Gegenmaßnahmen zu diskutieren, streitet das Management über die Validität der Daten. Es wird infrage gestellt, ob die gemessenen Klicks überhaupt echte Nutzer repräsentieren oder ob das Sentiment-Tool der PR-Abteilung sprachlichen Sarkasmus richtig erkennt. Die Kontexterosion erreicht ihren absoluten Höhepunkt. Das Unternehmen ist faktisch steuerungsunfähig, da die Bedeutung der Zahlen nicht organisationsweit geklärt ist.

7.2 Szenario B: Die souveräne Steuerung durch den Semantic Layer

In einer Organisation, die ihre Datenarchitektur nach den Prinzipien des Semantic Layers und des Knowledge Graphs aufgebaut hat, verläuft exakt dieselbe Krise grundlegend anders. Hier existieren die Daten nicht isoliert in den Dashboards einzelner Fachabteilungen. Sämtliche Metriken sind durch semantische Objektprofile im Hintergrund logisch miteinander verknüpft.

Sobald der kritische NGO-Bericht erscheint, tritt der Data Steward in Aktion. Er muss keine Daten aus verschiedenen Abteilungen manuell zusammentragen. Er nutzt den zentralen Knowledge Graph, in dem die strategische Kampagne als zentraler Knotenpunkt bereits vor dem Launch methodisch sauber angelegt wurde. Die Kampagne ist im System untrennbar mit dem Thema „Nachhaltigkeit", der Zielgruppe „Gen-Z" und den konkreten Reputationszielen des Unternehmens verbunden.

Der Semantic Layer mappt die eingehenden Echtzeitdaten automatisch auf das DPRG/ICV-Modell. Das System erkennt sofort die kausalen Zusammenhänge, die der klassischen Organisation im vorherigen Szenario verborgen blieben.

In der Management-Sitzung präsentiert der Kommunikationschef keine isolierten PR-Metriken. Er präsentiert ein integriertes Wirkungsnetzwerk. Das Dashboard zeigt unmissverständlich auf, dass der finanzielle Input für Paid Media derzeit wertvolles Budget verbrennt. Der generierte Output in Form von Klicks führt aufgrund des beschädigten Narrativs auf der Outcome-Ebene nicht mehr zu dem gewünschten Verhalten beim Outflow.

► In einer semantisch gesteuerten Architektur verschiebt sich der Fokus in Krisenzeiten: Das Management verhandelt nicht mehr über die Validität von Datenquellen und kann sich primär auf die Ableitung strategischer Konsequenzen konzentrieren.

Da die Definitionen und Herkunftsquellen aller Kennzahlen im System auditierbar und vom Management vorab freigegeben wurden, gibt es in der Vorstandsrunde keinerlei Diskussionen über die Richtigkeit der Daten. Niemand muss manuell gepflegte Excel-Tabellen vergleichen. Die Single Source of Truth ist in vollem Umfang intakt.

Das Management kann sich auf Basis dieser validierten Erkenntnisse sofort auf die strategische Lösung konzentrieren. Die Entscheidung fällt datenbasiert und präzise. Die Paid-Media-Budgets für die allgemeine Reichweite werden umgehend pausiert. Stattdessen wird die Kommunikation in die Owned-Media-Kanäle verlagert. Dort gehen Fachleute des Unternehmens detailliert und transparent auf die Vorwürfe der NGO ein. Das Thema wird zudem gezielt auf jenen Plattformen platziert, auf denen die Zielgruppe der potenziellen Bewerber laut Netzwerkanalyse am stärksten auf die Kritik reagiert hat.

Fazit

Der direkte Vergleich in diesem Stresstest bringt den praktischen Kernwert der semantischen Architektur auf den Punkt: Die wahre Schwachstelle dezentraler Datensilos zeigt sich nicht im operativen Schönwetterbetrieb, sondern im Moment der Krise. Während traditionelle Organisationen unter Druck unweigerlich in der Kontexterosion versinken und wertvolle Reaktionszeit an den internen Kampf um die Deutungshoheit isolierter Excel-Tabellen verlieren, beweist der Semantic Layer hier seinen ultimativen strategischen Hebel. Er fungiert weit über eine reine IT-Infrastrukturmaßnahme hinaus als unverzichtbarer Brückenbauer zwischen den Disziplinen. Erst durch die Entkopplung der Daten von isolierten Systemen und ihrer Verknüpfung in einem Knowledge Graph werden theoretische Frameworks wie das DPRG/ICV-Modell (Stobbe e.a., 2010) in der Praxis verlässlich operationalisierbar.

Literatur

Stobbe e.a. (2010). *Grundmodell für Kommunikations-Controlling*. Internationaler Controller Verein e. V. (ICV). Haufe.

Die Implementierung: Roadmap und Business Case

8

Die Herausforderung beim Aufbau einer integrierten Steuerungsarchitektur liegt in der Projektierung. Wird die Implementierung eines Semantic Layers als klassisches IT-Großprojekt aufgesetzt, das versucht, sofort *alle* historischen Daten, *alle* Zielgruppen und *alle* denkbaren KPIs des Unternehmens auf einmal zu modellieren, droht das Vorhaben ins Stocken zu geraten. Die hohe Komplexität birgt das Risiko, das Projekt zu erdrücken, bevor der erste Mehrwert für das Kommunikationsmanagement sichtbar wird.

Die Devise für die erfolgreiche Umsetzung lautet daher: Strategisch umfassend denken, aber operativ extrem spitz und agil starten.

8.1 Der Business Case: Den „Return on Semantics" argumentieren

Bevor die erste externe Software eingekauft oder ein Data Steward ernannt wird, muss das Vorhaben gegenüber dem Vorstand oder der Geschäftsführung legitimiert werden. Dabei greift es jedoch zu kurz, Datenprojekte ausschließlich über Software-Lizenzkosten zu argumentieren. Ein Semantic Layer ist schließlich kein weiteres Tool, sondern eine strategische Kerninfrastruktur.

P. Götz, R. Stobbe, *Governance der Kommunikationssteuerung durch Semantic Models*, essentials, https://doi.org/10.1007/978-3-658-52590-3_8

Der Business Case stützt sich auf drei zentrale Werttreiber, die im Management sofortige Resonanz erzeugen:

- **Massive Effizienzsteigerung durch Ende des Data Wranglings:** In klassischen Kommunikationsabteilungen bindet die rein manuelle Datenbeschaffung, Fehlerkorrektur und Harmonisierung in Tabellen oftmals einen Großteil der Arbeitszeit von Analytics-Fachkräften (vgl. Rattenbury et al., 2017). Durch zentralisierte *Semantische Objektprofile* wird dieser manuelle Aufwand drastisch reduziert. Die Arbeitszeit verlagert sich von der Datenaufbereitung hin zur strategischen Dateninterpretation.
- **Risikominimierung (Compliance & Governance):** Wenn Kommunikationsbudgets auf Basis falscher, veralteter oder widersprüchlicher Daten allokiert werden, entstehen strategische Fehlentscheidungen mit direkten finanziellen Konsequenzen. Der Semantic Layer garantiert durch „Governance by Design" die Belastbarkeit der Zahlen und schützt das Unternehmen vor Reputationsrisiken durch methodisch unsaubere PR-Auswertungen.
- **KI-Readiness als strategischer Imperativ:** Wie in Kap. 5 dargelegt, ist Generative KI ohne eine kuratierte Semantik-Schicht im Unternehmenskontext blind und fehleranfällig. Die Investition in den Semantic Layer ist eine essenzielle Grundlage, um künftig KI-Agenten sicher, auditierbar und wertschöpfend in der Unternehmenskommunikation einsetzen zu können.

► Der Business Case für einen Semantic Layer rechnet sich durch die drastische Reduktion manueller Fehlerbehebung, eine signifikant höhere Entscheidungsgeschwindigkeit und die Schaffung der architektonischen Basis für Künstliche Intelligenz.

8.2 Die Implementierungsroadmap: Think Big, Start Small

Um die Komplexität beherrschbar zu machen, sollte die Implementierung in drei klar voneinander abgegrenzten Phasen erfolgen. Dieser agile Ansatz stellt sicher, dass das Team Quick Wins feiert und das theoretische Konstrukt früh in der echten Unternehmenswirklichkeit getestet wird.

Die 3-Phasen-Roadmap der Implementierung
Phase 1: Proof of Concept (PoC)

- **Dauer:** 4 bis 8 Wochen
- **Ziel:** Die methodische Machbarkeit an *einem* isolierten, aber hochrelevanten strategischen Ziel beweisen.
- **Fokus:** Keine neue Software kaufen. Die Modellierung der *Semantischen Objektprofile* erfolgt zunächst rein konzeptionell. Es werden nur die essenziellen Knoten und Kanten für einen spezifischen Anwendungsfall definiert.

Phase 2: Das Minimum Viable Product (MVP)

- **Dauer:** 3 bis 6 Monate
- **Ziel:** Das erste echte, systemseitig gestützte Dashboard live schalten.
- **Fokus:** Ein Data Steward wird offiziell ernannt. Eine technologische Lösung (z. B. ein Pilot-Knowledge-Graph) wird an 2–3 zentrale Quellsysteme (z. B. Web-Analytics und Media-Monitoring) angebunden. Der Fachbereich steuert seine ersten Kampagnen erfolgreich über die zentral bereitgestellte Semantik.

Phase 3: Skalierung und KI-Integration

- **Dauer:** Fortlaufend
- **Ziel:** Die flächendeckende Ablösung der Schatten-Analytik im gesamten Unternehmen.
- **Fokus:** Das semantische Netz wird schrittweise um weitere Domänen erweitert. Interne KI-Sprachmodelle werden an den Semantic Layer angebunden, um das Management-Reporting zu automatisieren.

8.3 Typische Fallstricke und wie man sie vermeidet

Auf dem Weg zur integrierten Steuerungsarchitektur lauern klassische Herausforderungen, die die Projektleitung kennen und umschiffen müssen:

Alles auf einmal wollen

Wer versucht, das perfekte semantische Regelwerk für das gesamte Unternehmen zu entwerfen, bevor das erste Dashboard live geht, läuft Gefahr, sich in der Komplexität zu verlieren. Die Realität ändert sich schneller als die Modellierung.

Lösung: Die Stärke des semantischen Modells liegt gerade darin, dass es bewusst für die Skalierung perfektioniert ist. Es muss daher zum Start nicht allumfassend definiert sein. Der Ansatz beginnt fokussiert mit einem konkreten Anwendungsfall und iteriert agil mit den wachsenden Anforderungen der Fachbereiche.

Data Steward als reiner IT-Administrator

Wird die Rolle des Data Stewards in die IT-Abteilung ausgelagert, fehlt das Verständnis für die Kommunikationsfachlichkeit. Wird sie an studentische Hilfskräfte vergeben, fehlt das strategische Durchsetzungsvermögen gegenüber Agenturen und Fachbereichsleitungen.

Lösung: Die Rolle muss zwingend in der Kommunikationsabteilung bei einer erfahrenen Fachkraft mit starkem methodischem Rückgrat für Kommunikations-Controlling angesiedelt werden.

Die Software vor der Festlegung der Semantik kaufen

Ein wesentliches Projektrisiko besteht darin, den Technologiekauf an den Anfang der Transformation zu stellen. Wird eine Software implementiert, bevor das fachliche Fundament geklärt ist, fehlt die inhaltliche Basis darüber, *welche* Logiken und Definitionen das System überhaupt abbilden soll.

Lösung: Software folgt Semantik. Die inhaltlichen *Semantischen Objektprofile* und die Definition der Fachdomänen müssen (zumindest für den PoC) auf dem „Papier" existieren, bevor eine einzige Zeile Code geschrieben oder eine Lizenz erworben wird.

Fazit

Die Transformation von fragmentierten Datensilos hin zu einer zentralen, semantisch gesteuerten Bedeutungsintegrität ist kein triviales Unterfangen. Sie erfordert vom Management den Mut, lieb gewonnene Strukturen aufzugeben und in eine unsichtbare, aber fundamentale Infrastruktur zu investieren. Wer diese Reise jedoch agil plant, getragen von einem glasklaren Business Case, gesteuert von einem handlungsfähigen Data Steward und gestützt durch intelligente Technologie, wird belohnt. Das Kommunikations-Controlling verlässt die defensive Rolle der nachträglichen Rechtfertigung und wird zum proaktiven, KI-gestützten Navigationssystem für die strategische Unternehmensführung.

Literatur

Rattenbury, T., Hellerstein, J. M., Heer, J., Kandel, S., & Carreras, C. (2017). *Principles of Data Wrangling: Practical Techniques for Data Preparation*. O'Reilly Media.

9 Schlusswort und Ausblick: Der Weg in die gelebte Praxis

Der gezeigte Paradigmenwechsel von isolierten Datensilos hin zu einem integrierten, maschinenlesbaren Beziehungsnetzwerk bildet die zwingende Voraussetzung, um bewährte Steuerungskonzepte wie das DPRG/ICV-Modell im Zeitalter von Big Data und Generativer KI verlässlich zu operationalisieren.

Gleichzeitig markiert ein solches Architekturmodell immer nur den Beginn einer Transformation. Theorien, Frameworks und technologische Blaupausen entfalten ihren wahren Wert erst dann, wenn sie dem ultimativen Härtetest unterzogen werden: der komplexen, oft unberechenbaren Realität des unternehmerischen Alltags.

Der nächste logische Schritt für die Disziplin des Kommunikations-Controllings besteht nun im praktischen Transfer und der empirischen Validierung. Sämtliche Bausteine für diese Architektur sind von der konzeptionellen Modellierung bis zur agilen Implementierungsroadmap reif, um in ersten Pilotprojekten angewendet zu werden. Die Weiterentwicklung der hier vorgestellten Methodik wird künftig maßgeblich vom branchenübergreifenden Diskurs und der Bereitschaft innovativer Organisationen abhängen, diese Konzepte im Rahmen fokussierter Proof of Concepts in die eigene betriebliche Praxis zu überführen.

Dieses Buch versteht sich insofern nicht als abgeschlossenes Regelwerk, sondern als Fundament und Impuls für jene Akteure, die bereit sind, den Status quo der dezentralen „Shadow Analytics" hinter sich zu lassen. Nachdem der Weg zur ersten Generation echter, semantisch gesteuerter Kommunikationsorganisationen architektonisch bereitet ist, gilt es nun, ihn operativ zu beschreiten.

P. Götz, R. Stobbe, *Governance der Kommunikationssteuerung durch Semantic Models*, essentials, https://doi.org/10.1007/978-3-658-52590-3_9

Was Sie aus diesem *essential* mitnehmen können

- Wie Sie Kommunikationssteuerung von isoliertem Reporting zu einem integrierten, strategischen Führungssystem weiterentwickeln
- Warum Bedeutungsintegrität (Semantik) der entscheidende Erfolgsfaktor für datenbasierte Kommunikation und KI ist
- Wie Sie durch einen Semantic Layer einheitliche KPIs und eine Single Source of Truth etablieren
- Welche organisatorische Rolle (Data Steward) erforderlich ist, um Governance nachhaltig zu sichern
- Wie Sie mit einer klaren Roadmap (PoC → MVP → Skalierung) den Weg zur KI-fähigen Kommunikationssteuerung praktisch umsetzen

P. Götz, R. Stobbe, *Governance der Kommunikationssteuerung durch Semantic Models*, essentials, https://doi.org/10.1007/978-3-658-52590-3

FSC
www.fsc.org
MIX
Papier | Fördert
gute Waldnutzung
FSC® C083411

Kolibri 360 GmbH
Ferdinand-Jühlke-Straße 7
99095 Erfurt, Deutschland
produktsicherheit@kolibri360.de